¡Hola!

Lo básico del español

–Nueva edición–

Takuya Kimura

Editorial ASAHI

PAÍSES HISPANOHABLANTES

Tijuana
Mexicali
ESTADO
Río Grande
Ciudad Juárez
P.de la Baja California
Chihuahua
Monte
MÉXI
Guadalajara
Ciuda
de Me
Popoca
Acapulco
Oa

ISLAS CANARIAS
Lanzarote
La Palma
Tenerife
Sta.Cruz de Tenerife
Las Palmas de
Gran Canaria
Fuerteventura
Gomera
Teide
Hierro
Gran Canaria

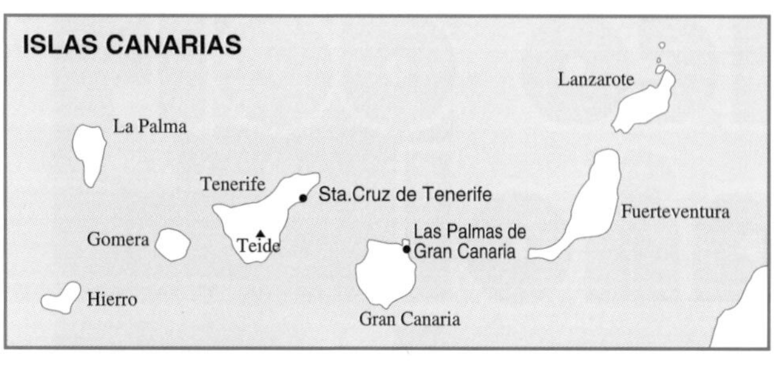

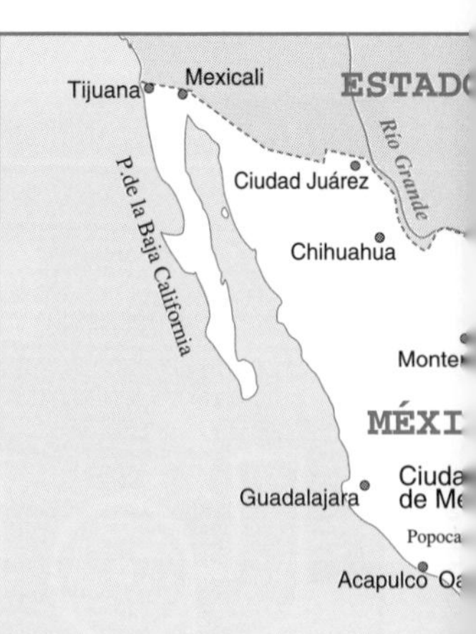

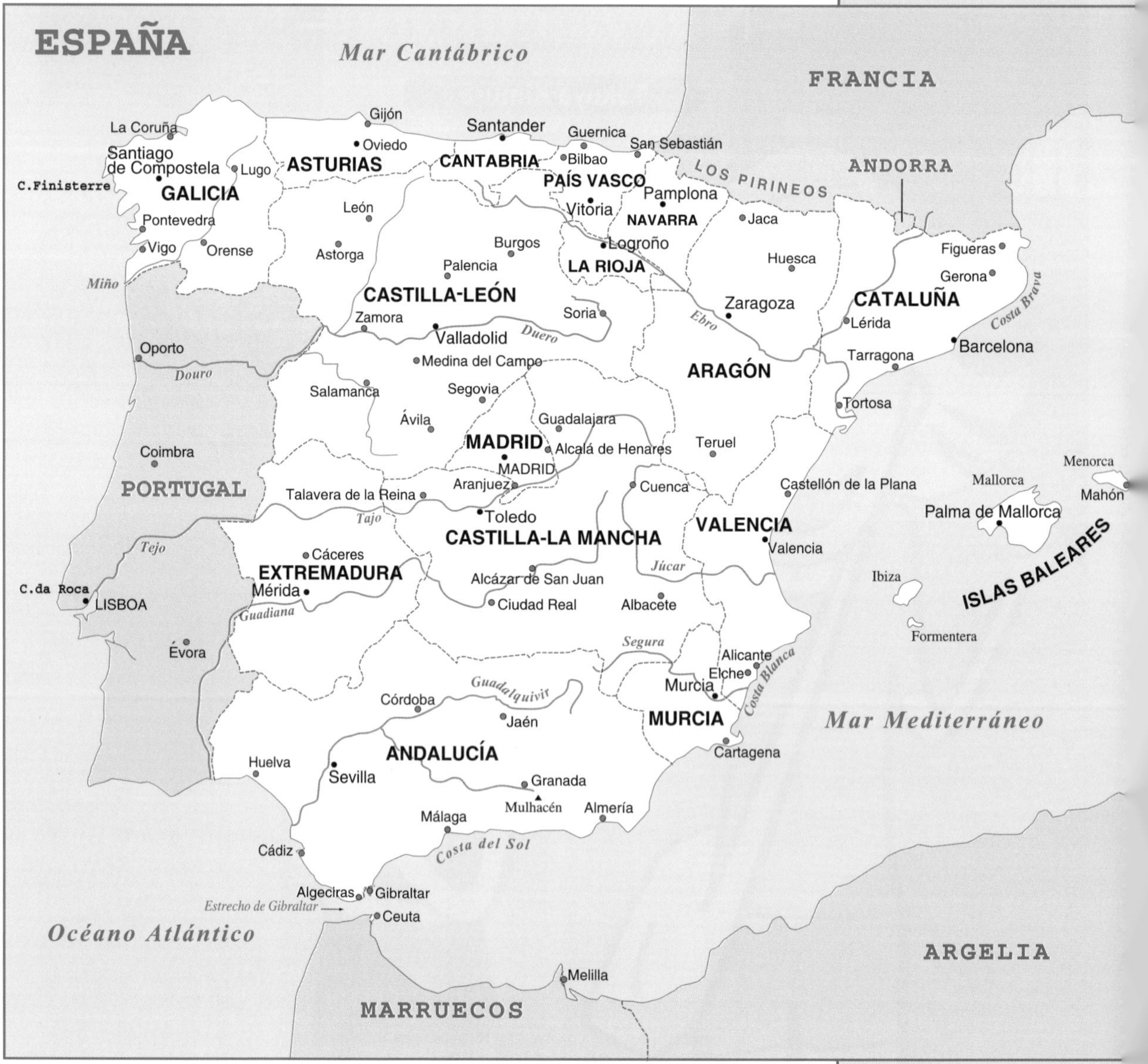
ESPAÑA
Mar Cantábrico
FRANCIA
ANDORRA
LOS PIRINEOS
Gijón
Santander
Guernica
San Sebastián
La Coruña
Oviedo
Santiago
de Compostela
Lugo
ASTURIAS
CANTABRIA
Bilbao
PAÍS VASCO
Pamplona
C.Finisterre
GALICIA
Vitoria
NAVARRA
Jaca
León
Pontevedra
Burgos
Logroño
Vigo
Orense
Astorga
Palencia
LA RIOJA
Huesca
Figueras
Miño
Gerona
CASTILLA-LEÓN
Zaragoza
CATALUÑA
Soria
Ebro
Lérida
Zamora
Valladolid
Duero
Costa Brava
Oporto
Tarragona
Barcelona
Medina del Campo
Douro
ARAGÓN
Salamanca
Segovia
Tortosa
Ávila
Guadalajara
Coimbra
MADRID
Alcalá de Henares
Teruel
MADRID
Menorca
PORTUGAL
Aranjuez
Cuenca
Castellón de la Plana
Mallorca
Talavera de la Reina
Mahón
Toledo
Palma de Mallorca
Tajo
CASTILLA-LA MANCHA
VALENCIA
Tejo
Valencia
ISLAS BALEARES
Cáceres
EXTREMADURA
Júcar
C.da Roca
Alcázar de San Juan
Ibiza
LISBOA
Mérida
Ciudad Real
Albacete
Guadiana
Formentera
Segura
Évora
Alicante
Elche
Guadalquivir
Murcia
Córdoba
Costa Blanca
Jaén
MURCIA
Mar Mediterráneo
ANDALUCÍA
Cartagena
Huelva
Sevilla
Granada
Mulhacén
Almería
Málaga
Cádiz
Costa del Sol
Algeciras
Gibraltar
Estrecho de Gibraltar
Ceuta
Océano Atlántico
ARGELIA
Melilla
MARRUECOS

HISPANOAMÉRICA
Golfo de México
Mississippi
Nueva Orleans
(New Orleans)
Miami
BAHAMAS
Is. Bahamas
La Habana
CUBA
Mérida
P.de Yucatán
Santiago de Cuba
HAITÍ
PUERTO RICO
San Juan
Santo Domingo
REPÚBLICA DOMINICANA
JAMAICA
BELIZE
HONDURAS
Tegucigalpa
San Salvador
NICARAGUA
Managua
San José
COSTA RICA
Mar Caribe
Antillas Menores
Lago de Maracaibo
Maracaibo
Cartagena
Panamá
PANAMÁ
TRINIDAD Y TOBAGO
Puerto España
(Port of Spain)
Caracas
VENEZUELA
Ciudad Bolívar
Orinoco
LLANOS
Magdalena
Medellín
Bogotá
COLOMBIA
Buenaventura
GUYANA
SURINAM
Guayana Francesa
Océano Atlántico
Arch. de Colón
(Is.Galápagos)
Quito
ECUADOR
Cotopaxi
Chimborazo
Guayaquil
Manaus
Amazonas
Belém
Fortaleza
Chiclayo
Cajamarca
Trujillo
CORDILLERA DE LOS ANDES
BRASIL
San Francisco
Recife
Callao
LIMA
PERÚ
Cuzco
BOLIVIA
L.Titicaca
Arequipa
La Paz
Cochabamba
EL ALTIPLANO
Sucre
Santa Cruz
de la Sierra
Potosí
Salvador
Brasilia
Belo Horizonte
Paraguay
Paraná
Océano Pacífico
PARAGUAY
Antofagasta
Salta
Asunción
São Paulo
Rio de Janeiro
Santos
Curitiba
CHILE
San Miguel
de Tucumán
Uruguay
Porto Alegre
Santa Fe
Córdoba
Paraná
Aconcagua
Valparaíso
San Juan
Rosario
URUGUAY
Santiago
Mendoza
BUENOS AIRES
Montevideo
La Plata
Río de la Plata
Concepción
Colorado
Mar del Plata
Negro
Temuco
Puerto Montt
ARGENTINA
PATAGONIA
Comodoro Rivadavia
Is.Malvinas
(Falkland)
Estrecho de Magallanes
Punta Arenas
Tierra del Fuego
Ushuaia
Is.Georgias del Sur
C.de Hornos

スペイン語の基礎　新正書法改訂版　URL

（音声・オリジナルソング）

https://text.asahipress.com/free/spanish/lbden/index.html

はじめに

スペイン語の世界への扉を開こうとしている皆さん、ようこそいらっしゃいました。スペイン語は世界中で４億人の話し手を持ち20ヶ国で公用語になっている国際語です。英語に加えてスペイン語を知れば、交流できる人の範囲がぐんと広がります。迷わずためらわず、スペイン語の学習を始めましょう。

そして、せっかく学ぶのであれば「こんにちは」や「ありがとう」のレベルで満足するのではなく、スペイン語で情報獲得や情報発信ができるレベルを目指してみませんか。スペイン語という言葉のむこうにはスペイン語圏の文化 — 文学、歴史、音楽、舞踊、映画など — の広大な世界が広がっています。インターネット上でもスペイン語で読める情報がまさにあふれ返っています。サッカーも忘れてはいけませんね。世界的サッカー選手の多くはスペイン語を話す人々です。スペイン語はもっともっと多くの日本人に学ばれるべき外国語なのです。

よく「スペイン語は始めは簡単だが、だんだん文法が難しくなる」と言われます。確かにスペイン語にはそういう側面があります。しかし、実はスペイン語の文法はとても整然と論理的にできているのです。いかにも最初は簡単そうに見せておいて難しい部分を飛ばしてしまったり、後から急に難しい部分を出したりするような迂回作戦を、本書は取りません。なるべく早いうちにスペイン語の基礎文法の全貌をお見せして、それに正面から取り組みます。結局、それが早いからです。初級段階はなるべく早く卒業して、本物のスペイン語に触れていただきたいと思っています。本書はそのための踏み台です。それから、外国語の学習に辞書は不可欠です。本書には単語リストも動詞活用表もついていません。小型のものでも良いので、必ず辞書（まずは西和辞典）を手元に置いてください。

本書の執筆に当たり、Marta Sánchez Barrera さんにスペイン語の校閲をお願いしました。また、CDで生き生きとしたスペイン語を聞かせてくださっている Marta Sánchez Barrera さん、Inés Planas Navarro さん、Rubén del Val Martínez さん、素敵なイラストと表紙をつけてくださった徐エン秋さんは、まさに本書に命を吹き込んでくださいました。朝日出版社の山田敏之さんは私のわがままを聞き届け、私の思う通りに執筆させてくださいました。これらの方々に深くお礼申し上げます。

学習者の皆さんが本書を踏み台にして、一刻も早くスペイン語で情報獲得・情報発信できるレベルに到達されることを祈っています。

2009年9月
木村琢也

改訂にあたり

本書の初版刊行は2010年でしたが、その後まもなくスペイン王立アカデミーが新しい正書法を発表しました。このたび幸いにも改訂の機会を得ましたので、つづりを新正書法に準拠して書き換え、そのほかにも内容が古くなっていると思われる部分を書き直しました。音声にも新たに Jorge Martín Torrecillas さんに加わっていただきました。この間お使いくださった先生方、学習者の皆さんには感謝を申し上げます。そして、これからもこの教科書が多くの皆さんに出会うことを願っています。

2022年7月
木村琢也

Índice（目次）

主な登場人物の紹介 1

Lección 1 (uno)〈ホセが働いているバルで〉........ 2

1 発音（1）：注意を要する子音字の読み方（1） 2 あいさつ
3 スペイン語のアルファベット 4 発音（2）：注意を要する子音字の読み方（2）

Lección 2 (dos)〈ホテルのフロントで〉........ 6

発音 1 二重母音・三重母音 2 二重子音 3 音節の区切り方
4 アクセントの位置の見つけ方
文法 1 名詞の性 2 名詞の複数形の作り方 3 定冠詞と不定冠詞
4 数詞 **0〜5** 5「ここに／そこに／あそこに〜があります」

Lección 3 (tres)〈エミの家族〉........ 10

1 主語人称代名詞とつなぎ動詞 **ser, estar** 2 **ser** と **estar** の使い分け
3「あります／います」の言い方（**hay** と **estar** の使い分け） 4 形容詞の性・数変化
5 指示形容詞「この、その、あの」と指示代名詞「これ、それ、あれ」
6 疑問代名詞 **qué, quién**

Lección 4 (cuatro)〈イタリア人カルロ登場〉........ 14

1 直説法現在の規則活用 2 国名と国名形容詞（国籍・言語名）
3 疑問副詞 **cómo, dónde** 4 数詞 **6〜12** 5 時刻

Lección 5 (cinco)〈ホセの休日〉........ 18

1 直説法現在の不規則活用（1） 2 **ir a +** ***inf.*** 3 天候の表現
4 おもな前置詞 5 おもな接続詞

Lección 6 (seis)〈レストランでディナーを〉........ 22

1 直説法現在の不規則活用（2）：語幹母音変化動詞
2 直説法現在の不規則活用（3） 3 数詞 **13〜100**
4 値段の言い方、たずね方 5 目的格人称代名詞 6 前置詞格人称代名詞

Lección 7 (siete) 〈日本のマンガは大人気〉 26
1 動詞 **gustar** と好き嫌いの表現 2 所有詞 3 語彙（親族名称）
4 比較級 5 最上級

Lección 8 (ocho) 〈日本のこと、知ってる？〉 30
1 再帰代名詞と再帰動詞 2 再帰動詞の活用例
3 再帰動詞の諸用法 4 人称代名詞一覧

Lección 9 (nueve) 〈楽しい日曜日の代償〉 34
1 スペイン語の過去 2 直説法点過去の規則活用
3 直説法点過去の不規則活用（1）：語幹母音変化動詞のうち **-ir** 動詞
4 直説法点過去の不規則活用（2）：強変化動詞
5 直説法点過去の不規則活用（3）：その他の不規則活用

Lección 10 (diez) 〈お金の使い方〉 38
1 数詞**101**〜 2 順序数詞 3 曜日 4 疑問詞 5 感嘆文
6 不定語・否定語 7 日付

Lección 11 (once) 〈テレサのお父さん〉 42
1 直説法線過去の規則活用 2 直説法線過去の不規則活用 3 線過去の使い方
4 点過去と線過去 5 現在分詞の作り方 6 現在分詞の使い方

Lección 12 (doce) 〈テオティワカンのピラミッド〉 46
1 過去分詞 2 直説法現在完了の活用 3 現在完了の用法
4 **ser** 受身、**estar** 受身 5 不定詞

Lección 13 (trece) 〈あこがれのアルハンブラ宮殿〉 50
1 直説法過去完了の活用 2 過去完了の用法 3 縮小辞 4 関係詞

Lección 14 (catorce) 〈イタリア語で「こんにちは」は？〉 54
1 直説法未来・過去未来の規則活用 2 直説法未来・過去未来の不規則活用
3 未来の用法 4 過去未来の用法 5 **-mente** 副詞

Lección 15 (quince) 〈ゆうべはどこにいたの?〉 58
1 直説法未来完了の活用 2 直説法未来完了の用法 3 直説法過去未来完了の活用
4 直説法過去未来完了の用法 5 直説法の時制一覧 6 時制のシステム

Lección 16 (dieciséis) 〈バルセロナに行こう〉 62
1 接続法現在の規則活用 2 接続法現在の不規則活用(1):語幹母音変化動詞
3 接続法現在の不規則活用(2):直説法現在1人称単数形から簡単に作れるもの
4 接続法現在の不規則活用(3):その他の不規則 5 接続法の使い方の代表例2つ

Lección 17 (diecisiete) 〈3歳のパブロちゃん〉 66
1 肯定命令(1):**tú, vosotros** 2 肯定命令(2):**usted, ustedes, nosotros**
3 否定命令 4 命令形と目的格人称代名詞 5 命令形のまとめ:**sentarse**「すわる」の全命令形 6 目的格人称代名詞(再帰代名詞を含む)の位置のまとめ

Lección 18 (dieciocho) 〈聖家族(サグラダ・ファミリア)教会〉 70
1 接続法過去の活用 2 時制の一致 3 複文について
4 接続法の用法(1):名詞節内

Lección 19 (diecinueve) 〈テレサの夢の家〉 74
1 接続法現在完了の活用 2 接続法過去完了の活用
3 接続法の用法(2):単文内 4 接続法の用法(3):形容詞節(関係節)内

Lección 20 (veinte) 〈さよならパーティー〉 78
1 接続法の用法(4):副詞節内 2 非現実の副詞節(1):**si** を用いた非現実的条件文 3 非現実の副詞節(2):**aunque** を用いた非現実的譲歩文
4 非現実の副詞節(3):**como si** + 接続法過去・過去完了

付録 Apéndice 82

イラスト・装丁 — 徐エン秋・メディアアート
地図 — 岩崎三奈子

主な登場人物の紹介

Emi（金子エミ）
横浜出身の大学生。スペイン・マドリードにて１年間、スペイン人一家の家にホームステイをして、スペインとスペイン文化を学ぶ。ワインを好み、バルセロナまでひとりで旅してしまう、活発で好奇心旺盛な女子学生。Teresa とは José の紹介で知り合う。

Teresa
バルセロナ出身の大学生。今はマドリードに住み、Emi と同じ大学に通う。毎週金曜の bar 通いが、彼女の力の源。アルコールには目がなく、Emi も心配するほどの酒豪（?）。いとこは日本の漫画が大好きで、少なからずその影響を受けている。

José
Bar「エミリオ」のウェイター。お客であった日本人学生 Emi を、Teresa に紹介したのは彼。職業柄、その交友の広さと、社交性には定評がある。彼の bar の tapas は絶品。ぜひ一度は食べてもらいたい。実は勤労を旨とする、まじめな青年である。

さあ、これからこの3人と、スペイン語の「世界」へ出発です。

Lección 1 (uno) ── あいさつと発音（Saludos y pronunciación）

1 発音（1）：注意を要する子音字の読み方（1）

l	舌先を上の内側の歯茎につけて出すラ行	luego español Manuel
ll	ヤ行またはジャ行（どちらでもよい）	llamas llamo ellos
h	発音しない	hola hotel hospital
q	queを「ケ」、qui を「キ」と読む	qué quién máquina
ñ	ニャ行	español mañana España
j	口の奥から出すハ行	japonesa Japón joven

2 あいさつ

ていねいなあいさつ

Buenos días. Buenas tardes. Buenas noches.

親しみのこもったあいさつ

— ¡Hola! ¿Qué tal?
— Bien, ¿y tú?
— Bien, gracias.

名前の言いかたと尋ねかた、「私は～です」

— ¿Cómo te llamas?
— Me llamo José. ¿Y tú?
— Yo me llamo Emi. Soy estudiante. Soy japonesa.
— Yo soy camarero. Soy español. Mucho gusto, Emi.
— Encantada, José.

別れるときのあいさつ

— Adiós, Emi. Hasta luego.
— Hasta mañana, José.

＊英語にない文字と記号：¡…! ¿…? Á É Í Ó Ú á é í ó ú Ñ ñ

スペイン語を公用語とする国は世界で20ヶ国。公用語とする国の数では世界一です。

3 スペイン語のアルファベット

♪ 1-4

母音字	子音字					
A a	B b	C c	D d			
/á/ アー	/bé/ ベー	/θé/ セー	/dé/ デー			
E e	F f	G g	H h			
/é/ エー	/éfe/ エフェ	/xé/ ヘー	/áče/ アチェ			
I i	J j	K k	L l	M m	N n	Ñ ñ
/í/ イー	/xóta/ ホタ	/ká/ カー	/éle/ エレ	/éme/ エメ	/éne/ エネ	/éɲe/ エニェ
O o	P p	Q q	R r	S s	T t	
/ó/ オー	/pé/ ペー	/kú/ クー	/ére/ エレ	/ése/ エセ	/té/ テー	
U u	V v	W w	X x	Y y	Z z	
/ú/ ウー	/úbe/ ウベ	/úbe dóble/ ウベ・ドブレ	/ékis/ エキス	/yé/ イェー	/θéta/ セタ	

4 発音（2）：注意を要する子音字の読み方（2）

♪ 1-5

r 語頭以外では舌先を弾いて出すラ行　camarero　tardes　señor
語頭では舌先を震わせて出すラ行　radio　rico　Roma

rr 舌先を震わせて出すラ行　perro　correo　tierra

c 下記以外のつづりのときはカ行　casa　cómo　Cuba　actor
ce, ci は「セ」「スィ」　cena　cero　cinco　lección
（スペインでは舌先を前歯の先につける [θ] の音。中南米では [s] の音。）

g 下記以外のつづりのときはガ行　gusto　luego　gracias
gue, gui は「ゲ」「ギ」　guerra　guitarra
ge, gi はそれぞれ je, ji と同じ発音　gente　girasol

y 語尾以外では ll と同じヤ行またはジャ行　yo　yogur　mayo
語尾・単独では「イ」　hoy　soy　rey　y

z ce, ci の c と同じ発音　zapato　zona　lápiz

スペインの面積は約50万km^2。日本（約38万km^2）の1.3倍です。

♪ 1-6

ミニ講読（Minilectura）

本文（Texto）

Esta es Emi.
Emi es japonesa.
Ella es estudiante.

Esta es Teresa.
Teresa es española.
Ella es estudiante también.

Este es José.
José es español.
Él es camarero.

♪ 1-7

会話（Conversación）

ホセが働いているバルで

① ***José:***	Hola, Emi.
② ***Emi:***	Hola, José. Un café con leche, por favor.
③ ***José:***	Muy bien. Teresa, esta es Emi. Es japonesa.
④ ***Teresa:***	Hola. Me llamo Teresa.
⑤ ***Emi:***	Mucho gusto, Teresa. ¿Eres española?
⑥ ***Teresa:***	Sí, claro. Pero no soy de Madrid. Soy de Barcelona. ¿Tú eres de Tokio?
⑦ ***Emi:***	No, no soy de Tokio. Soy de Yokohama.
⑧ ***José:***	El café con leche, Emi.
⑨ ***Emi:***	Gracias, José.

Notas

② **un café con leche** カフェオレ１杯
⑥ **(yo) soy de ~** 私は～の出身です
⑦ **no** いいえ
⑥ **sí** はい
⑥ **(tú) eres de ~** あなたは～の出身です
⑧ **el** 定冠詞 (→ p.7)

 **José** が働いているのは **bar**（バル）。スペインの町のあちこちにある軽食スタンドです。

1. 音声をよく聴いて、2ページの「1 発音 (1)」の単語（♪1-2）、「2 あいさつ」（♪1-3）、3ページの「4 発音 (2)」の単語（♪1-5）を読みましょう。

2. 4ページの Minilectura を参考に、次の日本語をスペイン語にしてみましょう。男性について言う場合と女性について言う場合の言葉の違いに気をつけながら訳してみてください。
   1) この人はマサオです。マサオは日本人です。彼は学生 (estudiante ...これは男女同じ) です。
   2) この人はマルタ（Marta）です。マルタはスペイン人です。彼女はウェイトレス（camarera）です。
   3) この人はユミです。ユミは日本人です。彼女もウェイトレスです。

3. 4ページの Conversación の1行目から3行目を、「ウェイターの José」を「ウェイトレスの Marta」に変え、Emi を Masao に変えて読んでみましょう。2行目の飲み物も、自分の好きなものに変えてみてください。

飲み物：　ミルクが少しはいったコーヒー１杯　un café cortado
ブラックコーヒー１杯　un café solo
生ビール１杯　una caña de cerveza
ミルクティー１杯　un té con leche
レモンティー１杯　un té con limón
オレンジジュース１杯　un zumo de naranja

4. 自分の立場で、次の質問にスペイン語で答えてみましょう。
   1) ¿Cómo te llamas?
   2) ¿Eres japonesa? / ¿Eres japonés?（答え方のヒント：Sí, soy... / No, no soy...）
   3) ¿Eres estudiante?
   4) ¿Eres de Tokio?（答え方のヒント：Sí, soy de ... / No, no soy de Tokio. Soy de ...）

Café con leche はコーヒーとミルクの量がほぼ同じ。大きなカップでいただきます。

Lección 2 (dos)

1-8

1 二重母音・三重母音

a, e, o を「強母音」、i, u を「弱母音」と呼びます（ただし í, ú は強母音）。
「強＋弱」「弱＋強」「弱＋弱」の組み合わせを「二重母音」、「弱＋強＋弱」の組み合わせを「三重母音」と言います（i は語末では y と書かれます）。

gracias, estudiante, también, euro, muy, soy, ciudad, seis, Paraguay, estudiáis

1-9

2 二重子音

pl, bl, fl, cl, gl, pr, br, fr, tr, dr, cr, gr の 12 種を「二重子音」と言います。

gracias, clase, flor, Madrid, plaza

1-10

3 音節の区切り方

「二重母音・三重母音」は 1 つの母音、「二重子音」と ch, ll, rr は 1 つの子音と見なします。

1) **母母** → 母 / 母 　　tí / o　Ra / úl
2) **母子母** → 母 / 子母 　　ca / sa　mu / se / o　gra / cias　si / lla
3) **母子子母** → 母子 / 子母 　　es / tu / dian / te　con / ver / sa / ción
4) **母子子子母** → 母子子 / 子母 　　ins / tru / men / to

1-11

4 アクセントの位置の見つけ方

1) **母音, n, s で終わっている語** → 最後から 2 番目の音節にアクセント
mu**se**o　estu**dian**te　japo**ne**sa　**Car**men　**ca**sa　**ca**sas

2) **n, s 以外の子音（y を含む）で終わっている語** → 最後の音節にアクセント
ho**tel**　hospi**tal**　Para**guay**　se**ñor**

3) **アクセント記号のついた母音がある場合** → その音節にアクセント
japo**nés**　conversa**ción**　ca**fé**　li**món**　a**diós**

スペインで一番人気のスポーツ **fútbol** は日本では何と言うでしょう？

文法（Gramática）

1 名詞の性

♪ 1-12

男性名詞の例	hombre	señor	padre	hijo	hermano
	amigo	chico	niño	estudiante	camarero
	libro	cuaderno	museo	tren	café	hotel
女性名詞の例	mujer	señorita	señora	madre	hija	hermana
	amiga	chica	niña	estudiante	camarera
	casa	mesa	escuela	leche	estación	universidad

2 名詞の複数形の作り方

♪ 1-13

1) **母音で終わっている名詞 → -s** をつける　　例：libro → libro<u>s</u>

2) **子音で終わっている名詞 → -es** をつける　　例：hotel → hotel<u>es</u>

＊アクセント記号が加わったり消えたりするもの

estación (es-ta-**ción**) → estaciones (es-ta-**cio**-nes)

examen (e-**xa**-men) → exámenes (e-**xá**-me-nes)

3 定冠詞と不定冠詞

♪ 1-14

定冠詞

	男性	女性
単数	el libro	la casa
複数	los libros	las casas

＊定冠詞は無強勢語（アクセントのない単語）です。原則として「特定の人/もの」を表わす名詞の前につけます。

不定冠詞

	男性	女性
単数	un libro	una casa
複数	unos libros	unas casas

＊不定冠詞は強勢語（アクセントのある単語）です。単数形は「あるひとつの」、複数形は「あるいくつかの」という意味です。

4 数詞 0〜5

♪ 1-15

0 cero　　1 uno　　2 dos　　3 tres　　4 cuatro　　5 cinco

＊「1」は名詞の前では不定冠詞と同じ形になります：un café, una estación

5 「ここに / そこに / あそこに 〜 があります」

♪ 1-16

Aquí hay un café.　　Ahí hay dos sillas.　　Allí hay un hospital.

Béisbol はスペインでは人気がありません。でもキューバやドミニカ共和国では盛んです。

ミニ講読（Minilectura） 本文（Texto）

♪ 1-17

Hola, me llamo Kaneko Emi. Kaneko es mi apellido, y Emi es mi nombre. Soy japonesa. Soy de Yokohama, Japón. Soy estudiante de la Universidad Namboku. Mi padre también es de Yokohama, pero mi madre es de Fukuoka.

Notas

mi 私の **apellido** ㊚ 名字 **nombre** ㊚ 名前 **de ~** ～の

会話 (Conversación) ホテルのフロントで

♪ 1-18

① ***Recepcionista:***	Buenas tardes, señorita.
② ***Emi:***	Buenas tardes.
③ ***Recepcionista:***	Su pasaporte, por favor.
④ ***Emi:***	Sí, aquí tiene.
⑤ ***Recepcionista:***	Muy bien... Perfecto. Esta es la llave de su habitación. La habitación número 403.
⑥ ***Emi:***	Muchas gracias. ¿Hay bañera en la habitación?
⑦ ***Recepcionista:***	Sí, por supuesto, señorita.
⑧ ***Emi:***	Estupendo. Muchísimas gracias.
⑨ ***Recepcionista:***	A usted.

Notas

③ **su** あなたの（ていねいな言い方）

④ **Aquí tiene.** これです（相手に物を手渡すときの言い方）

⑤ **perfecto** 完全な，はい結構です ⑥ **bañera** ㊛ バスタブ

⑦ **por supuesto** もちろん ⑧ **estupendo** すばらしい

⑧ **Muchísimas gracias.** どうもありがとうございます（Muchas gracias よりもさらにていねいな言い方）

⑨ **A usted.** こちらこそ（お礼を言われた時の返事のひとつ）

スペインは観光大国。夏は特にヨーロッパの他の国々からの観光客でにぎわいます。

練習（Ejercicios）

1. 例にならって単語を音節に区切り、アクセントのある音節に下線を引きましょう。

例　patata → pa / <u>ta</u> / ta

1) tomate →　　2) cuatro →　　3) lección →
4) mundo →　　5) normal →　　6) arroz →

2. 単数なら複数に、複数なら単数に書き換えましょう。

1) un hotel →
2) unos libros →
3) la estación →
4) las mesas →
5) los trenes →
6) una niña →

3. hay を使ってスペイン語に訳しましょう。

1) ここに 5 ユーロ（euro）あります。

2) そこに何人かの女子学生がいます。

3) あそこに 1 匹のネコ（gato）がいます。

4. 8ページの Minilectura を参考にして、自分の自己紹介文を作ってみましょう。できたらそれを暗唱してみてください。

5. これまでに出てきた文を参考にして、次の（　　）内に適切な語を 1 語ずつ入れてスペイン語訳を作りましょう。

1)（親しい人に）君は横浜出身なの？　¿(　　　) (　　　) Yokohama?

2) いいえ、私は千葉出身よ。　No, (　　　) (　　　) Chiba.

3) ここに鍵が 1 つあります。　(　　　) hay (　　　) llave.

4) これは私の部屋の鍵です。　Esta es la llave (　　　) (　　　) habitación.

スペイン人は地域の意識が強く、どこの出身かということにとてもこだわります。

1-19

文法（Gramática）

1 主語人称代名詞とつなぎ動詞 ser, estar

Yo soy estudiante. soy の原形は ser （英. I am a student. am の原形は be）
Yo estoy aquí. estoy の原形は estar （英. I am here. am の原形は be）

主語		ser	estar
1 人称単数	yo 私は	soy	estoy
2 人称単数	tú 君は	eres	estás
3 人称単数	usted / él / ella あなたは 彼は 彼女は	es	está
1 人称複数	nosotros / nosotras 私たち（男）は 私たち（女）は	somos	estamos
2 人称複数	vosotros / vosotras 君たち（男）は 君たち（女）は	sois	estáis
3 人称複数	ustedes / ellos / ellas あなたがたは 彼らは 彼女らは	son	están

＊「君」と「あなた」 親しい人には tú, vosotros, vosotras を、あらたまった間柄の人には usted（Ud., Vd. とも書く），ustedes（Uds., Vds. とも書く）を使います。

José, ¿tú eres de Madrid? Profesor Sánchez, ¿Ud. es de Madrid?

・女性複数形 nosotras, vosotras, ellas は、全員が女性のときだけ使います。

Éste es Manuel. Ésta es Teresa. Ellos son estudiantes.

Ésta es Emi. Ésta es Teresa. Ellas son estudiantes.

・主語は省略できます。また、動詞の直前に no を置くと否定文になります。

¿Eres estudiante, José? — No, no soy estudiante. Soy camarero.

1-20

2 ser と estar の使い分け

補語が名詞 → ser　Soy estudiante. Carlos es profesor.
補語が性質・特徴の形容詞 → ser　Soy alta. Carlos es simpático.
補語が状態の形容詞 → estar　Estoy contenta. Carlos está cansado.

  どこの bar でも tapas と呼ばれるおつまみがガラスケースに入れてあります。

文法（Gramática）

3 「あります／います」の言い方（hay と estar の使い分け）

1-21

不特定の人／物の存在 → hay　　Aquí hay un estudiante. Ahí hay una cafetería.

特定の人／物の所在 → estar　　Teresa está aquí. La cafetería está ahí.

4 形容詞の性・数変化

1-22

1) 男性単数形が -o で終わるもの

el perro blanco	la casa blanca	un cuadro bonito	una foto bonita
los perros blancos	las casas blancas	unos cuadros bonitos	unas fotos bonitas

2) 男性単数形が -o 以外で終わるもの → 男女同形

el perro grande	la casa grande	un pañuelo azul	una camiseta azul
los perros grandes	las casas grandes	unos pañuelos azules	unas camisetas azules

3) 重要な例外：男性単数形が子音で終わる国名形容詞

el coche japonés	la máquina japonesa	un chico español	una chica española
los coches japoneses	las máquinas japonesas	unos chicos españoles	unas chicas españolas

5 指示形容詞「この、その、あの」と指示代名詞「これ、それ、あれ」

1-23

	男性単数	女性単数	男性複数	女性複数
この・これ	este	esta	estos	estas
その・それ	ese	esa	esos	esas
あの・あれ	aquel	aquella	aquellos	aquellas

este tren　esa casa　aquellos libros　estas chicas

Esta casa es grande. Aquella es pequeña.

・指示代名詞には中性形 esto, eso, aquello もあります。

不明のものを指すとき　¿Qué es aquello? — Es un museo.

「このこと」「そのこと」など　José es antipático. — Eso no es verdad.

6 疑問代名詞 qué, quién

1-24

qué「何」　¿Qué es eso? — Esto es una tableta.　¿Qué es Ud.? — Soy camarero.

quién, quiénes「だれ」　¿Quién es esta? — Es mi hermana.

¿Quiénes son estos? — Son José y Manuel.

tapas を注文すると、**camarero** がそれを小皿に乗せて出してくれます。

♪ 1-25

ミニ講読（Minilectura）　　本文（Texto）

Hola. Soy Teresa. Mi casa está en Madrid. Madrid es la capital de España, y está en el centro de la Península Ibérica. Cerca de mi casa hay un supermercado, una librería y un bar. Mi amigo José es camarero del bar《Emilio》. Es un chico moreno y muy simpático. Mi amiga Emi es una estudiante japonesa. Es una chica alegre y muy simpática también.

Notas

la Península㊛ **Ibérica**　イベリア半島　　　**cerca de ~**　～の近くに

del　前置詞 de と定冠詞 el が融合した形

1-26

会話（Conversación）　エミの家族

① ***Teresa:***	¿Qué es eso?
② ***Emi:***	¿Esto? Es una foto de mi familia. Mira, esta es mi hermana Mami.
③ ***José:***	A ver ... ¿Tu hermana? ¡Qué guapa! Es un poco baja, ¿verdad?
④ ***Emi:***	No, José. Está sentada, pero en realidad, es bastante alta. ¿Qué es eso, José?
⑤ ***José:***	Champiñones.
⑥ ***Teresa:***	Emi, los champiñones de este bar son muy ricos, ¿eh?
⑦ ***José:***	¡Sí, señoritas! Y estas gambas son muy ricas también.

Notas

② **mira** ねえ，ほら見てごらん　　③ **a ver** さて，どれどれ

③ **¡Qué + 形容詞!** なんて～なんだろう！　　③ **~, ¿verdad?** ～でしょう？，～ですね？

④ **sentado** すわっている　　④ **en realidad** 実際には　　④ **bastante** かなり

⑤ **champiñón**㊚ マッシュルーム　　⑥ **rico**（ここでは）おいしい

⑦ **gamba**㊛ 小エビ

マッシュルームやエビのニンニク炒めである **ajillo** は代表的な **tapas** です。

練習（Ejercicios）

1. （　　）の中に入れるのに最も良いものを後の｛　｝の中から一つ選び、そのあとで文の意味を考えましょう。

1) ¿(　　　　) estudiante? ｛ Eres / Estás / Hay ｝
2) Ellos (　　　　) profesores. ｛ sois / somos / son ｝
3) Masato y yo (　　　　) japoneses. ｛ es / somos / soy ｝
4) (　　　　) sentado. ｛ Es / Están / Estoy ｝
5) Mi casa (　　　　) en Tokio. ｛ es / está / estoy ｝
6) Aquí (　　　　) mi amiga. ｛ es / está / hay ｝
7) Aquí (　　　　) muchas casas. ｛ están / hay / son ｝
8) José es (　　　　). ｛ España / español / española ｝
9) José es de (　　　　). ｛ España / español / española ｝
10) (　　　　) es mi hermana. ｛ Esta / Este / Esto ｝

2. ［　　］内の形容詞を必要なら適切な形に変えて、次の語句をスペイン語にしましょう。

1) その小さな学校　la escuela ________________ [pequeño]
2) 1冊の難しい本　un libro ________________ [difícil]
3) それらの背が高い少年たち　los chicos ________________ [alto]
4) 1曲のスペインの歌　una canción ________________ [español]
5) その古い建物　el edificio ________________ [viejo]
6) 何本かの日本の映画　unas películas ________________ [japonés]
7) その長い小説　la novela ________________ [largo]
8) 何人かの若い先生たち　unos profesores ________________ [joven]

3. スペイン語に訳しましょう。

1) エミとマミは日本人です。

2) ホセは学生ではありません。

3) あの（男の）人はだれですか？

4) これらの本は易しい（fácil）です。

また、**tortilla**（ジャガイモ入りオムレツ）や **pulpo**（タコ）もファンの多い **tapas** です。

♪ 1-27

文法（Gramática）

1 直説法現在の規則活用

-ar動詞：**hablar**（話す）

	単数	複数
1人称	hablo	hablamos
2人称	hablas	habláis
3人称	habla	hablan

-er動詞：**comer**（食べる）

	単数	複数
1人称	como	comemos
2人称	comes	coméis
3人称	come	comen

-ir動詞：**vivir**（住む・暮らす）

	単数	複数
1人称	vivo	vivimos
2人称	vives	vivís
3人称	vive	viven

Emi habla japonés, inglés y un poco de español.
Teresa canta una canción española. [< cantar]
Este verano viajamos a Europa. [< viajar]
Mi amigo come carne y yo como pescado.
El padre de Teresa bebe mucha cerveza. [< beber]
Los niños aprenden muchas cosas en la escuela. [< aprender]
Ellos viven cerca de la universidad, pero yo vivo lejos.
Abro la ventana de mi habitación. [< abrir]
Escribo un email a mi amigo. [< escribir]

♪ 1-28

2 国名と国名形容詞（国籍・言語名）

国名	国名形容詞	国名	国名形容詞
España	español	Japón	japonés
México (Méjico)	mexicano (mejicano)	China	chino
Guatemala	guatemalteco	Corea	coreano
Cuba	cubano	Inglaterra	inglés
Colombia	colombiano	Francia	francés
Perú	peruano	Alemania	alemán
Chile	chileno	Rusia	ruso
Argentina	argentino	Estados Unidos	estadounidense

表に出ている国名形容詞は男性単数形です。それ以外の形は Lección 3 (p.11) の規則に従って作ります。男性単数形は「○○語」の意味も持ちます。

例： japonés / japonesa / japoneses / japonesas
mexicano / mexicana / mexicanos / mexicanas

スペイン語はポルトガル語、イタリア語、フランス語などと共にロマンス系言語です。

3 疑問副詞 cómo, dónde

♪ 1-29

¿Cómo es José? — Es alto y simpático.

¿Cómo está José? — Está muy bien. / No está bien. Está resfriado.

¿Dónde está la universidad? — Está en Tokio.

¿Dónde vive tu familia? — Mi familia vive en Nagoya.

4 数詞 6〜12

♪ 1-30

6 seis　7 siete　8 ocho　9 nueve　10 diez　11 once　12 doce

5 時刻

♪ 1-31

¿Qué hora es? → 1:00 Es la una. (una = una hora)
2:00 Son las dos.
6:00 Son las seis.
7:10 Son las siete y diez. (diez = diez minutos)
4:30 Son las cuatro y media. (media 半分)
5:15 Son las cinco y cuarto. (cuarto ４分の１)
9:45 Son las diez menos cuarto.

Son las ocho de la mañana.

Son las tres de la tarde.

Son las once de la noche.

¿A qué hora es la clase de español? — La clase de español es a las nueve.
La clase de inglés es a la una y diez.

ロマンス系言語とは、ラテン語が時代と共に変化し分化してできた言語のグループです。

♪ 1-32

ミニ講読（Minilectura）

本文（Texto）

Hola. Soy Emi. Vivo en Madrid con una familia española, y aprendo lengua y cultura españolas. Estudio con estudiantes de varias nacionalidades. La clase de conversación española es a las nueve de la mañana. Los estudiantes italianos hablan mucho, pero nosotros, los japoneses, hablamos correctamente. Las clases duran hasta la una de la tarde. Después de las clases comemos con los compañeros de clase.

Notas

de varias nacionalidades いろいろな国籍の　**correctamente** 正しく，正確に

durar hasta ~ 〜まで続く　**después de ~** 〜の後で

♪ 1-33

会話（Conversación）

イタリア人カルロ登場

① ***Carlo:*** Hola. ¿Hablas español?

② ***Emi:*** Sí, un poco.

③ ***Carlo:*** Estupendo. Me llamo Carlo. Soy italiano.
Eres japonesa, ¿verdad?

④ ***Emi:*** Sí, me llamo Emi. Estudio español aquí.

⑤ ***Carlo:*** Yo también. ¿Quién es tu profesor?

⑥ ***Emi:*** Es la profesora Ana.

⑦ ***Carlo:*** ¿Cómo es la clase de la profesora Ana?

⑧ ***Emi:*** Muy divertida. Pero a veces la profesora habla muy rápido.
En mi clase hay unos italianos. Luigi, Petra...

⑨ ***Carlo:*** ¡Ah, ellos son mis amigos! Emi, ¿dónde vives?
¿Vives cerca de aquí?

⑩ ***Emi:*** Eso es secreto.

⑪ ***Carlo:*** Pero... Ya es la hora de comer. ¿Comemos juntos?

⑫ ***Emi:*** ... Vale.

Notas

② **un poco** 少し　⑧ **a veces** ときどき

⑧ **Luigi, Petra** ルイージ、ペトラ（それぞれイタリア人の男性，女性の名）　⑫ **Vale.** オーケー。

 ロマンス系言語は起源が同一なので、互いに似た部分が多いです。たとえば… 

1. 次の 6 つの規則活用動詞を直説法現在に活用してみましょう。

estudiar	trabajar	beber	aprender	abrir	escribir

2. 1.で練習した動詞の活用形を下線部に入れて、スペイン語訳を完成させましょう。

1) その学生たちはよく勉強します。　Los estudiantes ________ mucho.

2) 私たちは日曜日には仕事をしません。　No ________ los domingos.

3) 私はアルコールを飲みません。　No ________ alcohol.

4) 君は英語を習っているの？　¿________ inglés?

5) フリオはドアを開けます。　Julio ________ la puerta.

6) 最近私たちは手紙を書きません。　Estos días no ________ cartas.

3. Minilectura と Conversación の内容に関する次の質問にスペイン語で答えましょう。

1) ¿Qué aprende Emi?

2) ¿A qué hora es la clase de conversación española?

3) ¿Es Carlo español?

4) ¿Quién es la profesora de Emi?

4. 次の時刻を「今○○時です」という意味のスペイン語で言いましょう。

1) 1 時半

2) 8 時 5 分

3) 10時15分前

4) 夜の11時

数詞の「4」はポルトガル語で **quatro**、イタリア語で **quattro**、フランス語で **quatre** です。

1-34

Lección 5 (cinco)

1 直説法現在の不規則活用（1）

tener（持っている）

	単数	複数
1人称	tengo	tenemos
2人称	tienes	tenéis
3人称	tiene	tienen

venir（来る）

	単数	複数
1人称	vengo	venimos
2人称	vienes	venís
3人称	viene	vienen

hacer（する，作る）

	単数	複数
1人称	hago	hacemos
2人称	haces	hacéis
3人称	hace	hacen

ir（行く）

	単数	複数
1人称	voy	vamos
2人称	vas	vais
3人称	va	van

¿Tienes hermanos? — Sí, tengo un hermano y una hermana. / No, no tengo hermanos.
¿Cuántas clases tienes hoy? — Hoy tengo tres clases.
¿De dónde viene el tren? — Viene de Osaka.
¿A qué hora vienen los estudiantes? — Vienen a las diez y media.
¿Qué haces por la tarde? — Por la tarde estudio en la biblioteca.
Hago ejercicios todos los domingos.
¿A dónde vas? — Voy a la cafetería.
Vamos a la universidad todos los días.

1-35

2 ir a + *inf.*

動詞の不定詞（=原形）を infinitivo と言い、*inf.* と略記します。
ir a + *inf.* は「〜するつもりだ」「〜するだろう」という意味です。
Este año voy a estudiar mucho.
Hoy vamos a comer en el comedor de estudiantes.
Ellas van a viajar a España.

vamos a + *inf.* は「〜しましょう」の意味でもよく使います。
¡Vamos a cantar! ¡Vamos a comer juntos!

スペインの首都 **Madrid** はイベリア半島の中心に位置する人口300万人を超える大都市です。

文法（Gramática）

3 天候の表現

1-36

¿Qué tiempo hace hoy? →	Hace calor.	Hace mucho calor.
	Hace frío.	Hace mucho frío.
	Hace sol.	Hace mucho sol.
	Hace viento.	Hace mucho viento.
	Hace buen tiempo.	Hace muy buen tiempo.
	Hace mal tiempo.	Hace muy mal tiempo.
	Llueve. (<llover)	Nieva. (<nevar)

bueno「良い」, malo「悪い」は男性単数名詞の前で -o が消え、buen, mal となります。

4 おもな前置詞　前置詞は無強勢語です。

1-37

a	Voy a la universidad.「〜へ」　La clase es a las nueve.「〜時に（時刻）」
	Busco a la profesora Sánchez.「(人)を」
	Regalo un ramo de flores a mi tío enfermo.「(人)に」
de	Este paraguas es de Rafael.　Esta mesa es de madera.「〜の」
	Vengo de Yokohama.「〜から」
en	Vivo y trabajo en Tokio.「〜(の中)に / で」
	Hay un plato en la mesa.「〜の上に」
con	Vivo con mi familia.　Tomo café con leche.「〜といっしょに」
sin	Tomo café sin azúcar.「〜なしに」
entre	Panamá está entre Costa Rica y Colombia.「〜の間に」
desde ~	Este tren va desde Madrid hasta Sevilla.「〜から…まで（位置）」
hasta ...	Tengo clases desde las nueve hasta las cuatro y media.「〜から…まで（時間）」
para	Este paquete es para mi amigo Juan.「〜のために / の」
por	Este verano voy a viajar por Europa.「〜のあたりを / を通って」
	Estamos cansados por el calor.「〜のせいで / が理由で」

5 おもな接続詞　接続詞も無強勢語です。

1-38

y	Comemos sopa y paella.　Aprendo español e inglés.（i, hi の前で y → e）
o	¿Qué tomas, café o té?　Hay siete u ocho estudiantes.（o, ho の前で o → u）
pero	Soy japonés, pero no hago karate.

EUの中ではロンドン、ベルリンに次ぐ第3位の人口です。 

1-39

ミニ講読（Minilectura） 本文（Texto）

Hola. Soy José. Soy camarero y trabajo en el bar 《Emilio》. En el bar estoy muy ocupado, porque siempre hay muchos clientes. Todos los viernes por la tarde vienen Teresa y Emi al bar para tomar unas bebidas y unas tapas. A veces vienen al bar con unos amigos.

Notas

siempre いつも　**cliente**男女 客　**todos los viernes** 毎週金曜日
por la tarde 午後に　**tapa**女 おつまみ

1-40

会話（Conversación） ホセの休日

① ***Teresa:*** Mira, Emi. Ahí viene José.
② ***José:*** ¡Hola, chicas! ¿Qué tal?
③ ***Emi:*** ¡José! ¿Qué haces aquí? ¿No trabajas hoy?
④ ***Teresa:*** No, hoy José no tiene trabajo.
⑤ ***Emi:*** ¡Qué bien! Yo también estoy libre hoy.
⑥ ***José:*** ¿Qué hacemos? ¿Vamos al Parque del Retiro?
⑦ ***Teresa:*** Buena idea. Hoy hace muy buen tiempo.
⑧ ***Emi:*** Sí, hace un poco de calor.
⑨ ***José:*** Vamos a remar en bote en el estanque. Va a ser muy agradable.
⑩ ***Teresa:*** Tienes razón.
⑪ ***Emi:*** ¿Cómo vamos allí?
⑫ ***José:*** Vamos en metro, claro.

Notas

⑤ **¡Qué bien!** それはいいね！
⑥ **el Parque**男 **del Retiro** レティーロ公園（マドリードにある公園）
⑨ **remar en bote** ボートをこぐ
⑩ **tener razón** 正しい
⑫ **claro** もちろん

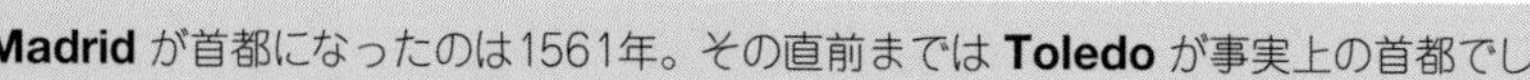
Madrid が首都になったのは1561年。その直前までは **Toledo** が事実上の首都でした。

練習（Ejercicios）

1. [　　] 内の動詞を適切な形に活用させて、下線部に書き入れましょう。

1) Yo ____________ muchos libros, pero no los leo. [tener] (los それらを)

2) La sociedad japonesa ____________ muchos problemas. [tener]

3) Pronto ____________ el tren. [venir]

4) Yo ____________ de Nagano. [venir]

5) Aquí siempre ____________ mucho sol. [hacer]

6) ¿Qué ____________ tú por la tarde? [hacer]

7) ¿____________ este autobús a la estación? [ir]

8) José y yo ____________ al parque. [ir]

2. (　　) 内に適切な前置詞を入れて、スペイン語訳を完成させましょう。

1) エミはテレサとホセといっしょにレティーロ公園へ行きます。
Emi va al Parque del Retiro (　　　　) Teresa y José.

2) この靴はエミのです。
Estos zapatos son (　　　　) Emi.

3) 彼らは今日の午後に来るでしょう。
Ellos van (　　　　) venir esta tarde.

4) この飛行機はマドリードからパリまで行きます。
Este avión va (　　　　) Madrid (　　　　) París.

5) 机と本棚の間に小さな空間があります。
Hay un espacio pequeño (　　　　) la mesa y la estantería.

3. 自分の立場で質問にスペイン語で答えましょう。

1) ¿Tienes hermanos?

2) ¿Cuántas clases tienes hoy?

3) ¿Qué tiempo hace hoy?

4) ¿A qué hora vienes a la universidad?

Madrid の **Puerta del Sol** 広場にある熊とヤマモモの像は待ち合わせスポットの定番です。

Lección 6 (seis)

文法（Gramática）

1 直説法現在の不規則活用（２）：語幹母音変化動詞

パターン１（e → ie） **querer**（欲する）

quiero	queremos
quieres	queréis
quiere	quieren

パターン２（o → ue） **poder**（…できる）

puedo	podemos
puedes	podéis
puede	pueden

パターン３（e → i） **pedir**（頼む）

pido	pedimos
pides	pedís
pide	piden

¿Qué quieren los niños? — Quieren helado. Quiero un móvil nuevo.
Queremos visitar el Museo del Prado.
La clase empieza a las tres menos diez de la tarde. (< empezar, e→ie)
En Niigata nieva mucho. (< nevar, e→ie)
¿Puede Ud. venir con nosotros? — No, no puedo ir con Uds. Lo siento. (< sentir, e→ie)
Mi padre siempre vuelve tarde a casa. (< volver, o→ue)
Pilar pide un té, y yo pido un café. La profesora repite la pregunta. (< repetir, e→i)

2 直説法現在の不規則活用（３）

decir（言う）

digo	decimos
dices	decís
dice	dicen

saber（知っている）

sé	sabemos
sabes	sabéis
sabe	saben

conocer（知っている）

conozco	conocemos
conoces	conocéis
conoce	conocen

dar（与える）

doy	damos
das	dais
da	dan

Teresa dice que está cansada.
Emi conoce a José.
Teresa sabe la dirección de Emi.
Doy un regalo a Teresa.

3 数詞 13～100

13 trece　14 catorce　15 quince　16 dieciséis　17 diecisiete
18 dieciocho　19 diecinueve　20 veinte
21 veintiuno　22 veintidós　23 veintitrés　24 veinticuatro　25 veinticinco
26 veintiséis　27 veintisiete　28 veintiocho　29 veintinueve　30 treinta
31 treinta y uno　…　40 cuarenta　…　42 cuarenta y dos　…
50 cincuenta　…　53 cincuenta y tres　…　60 sesenta　…
64 sesenta y cuatro　…　70 setenta　…　80 ochenta　…　90 noventa　…　100 cien

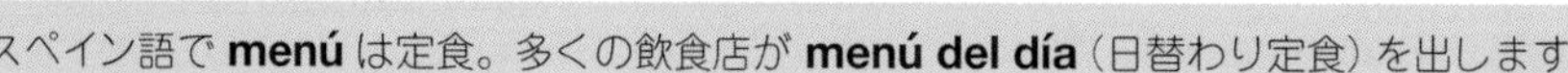

4 値段の言い方、たずね方

¿Cuánto cuesta esta camiseta? — Cuesta doce euros con cincuenta. (< costar, o→ue) 1-44

¿Cuánto es? — Son diez euros.

5 目的格人称代名詞　無強勢語です。

1) 直接目的格「～を」 1-45

	単数	複数
1人称	me 私を	nos 私たちを
2人称	te 君を	os 君たちを
3人称	lo あなた（男）/ 彼 / それ（男性）を	los あなたがた（男）/ 彼ら / それら（男性）を
	la あなた（女）/ 彼女 / それ（女性）を	las あなたがた（女）/ 彼女ら / それら（女性）を

2) 間接目的格「～に」

	単数	複数
1人称	me 私に	nos 私たちに
2人称	te 君に	os 君たちに
3人称	le あなた / 彼 / 彼女に	les あなたがた / 彼ら / 彼女らに

・いずれも動詞の前に置きます。

Tomo café en el desayuno. Lo tomo todas las mañanas.

Aquí hay una galleta. ¿La comes? — Sí, la como. / No, no la como.

Los profesores nos enseñan la gramática.

・直接と間接の両方の代名詞があるときは、（no +）間接 + 直接 + 動詞　の順。

Pedro me regala unas flores. → Pedro me las regala.

No te digo mi secreto. → No te lo digo.

・直接と間接の代名詞が共に 3 人称のとき、間接の le, les は se に変わります。

Pedro le regala unas flores. → Pedro se las regala. (× le las regala)

La madre les compra unos caramelos. → La madre se los compra. (× les los compra)

・スペインでは「あなた（男）を／彼を」の意味で lo の代わりに le を使うことが多いです。

6 前置詞格人称代名詞　強勢語です。

yo → mí　tú → ti となり、その他は主語人称代名詞と同じ形。 1-46

Esta carta es para mí / para ti / para él / para ella / para nosotros ...

日本のレストランのように黙っていても水が出てくることはないので、欲しいときは水を注文しましょう。

1-47

ミニ講読（Minilectura）　　本文（Texto）

Soy Teresa. Los viernes después de las clases Emi y yo solemos ir al bar《Emilio》. El camarero José nos conoce muy bien, y sabe qué queremos pedir. Emi siempre pide un vaso de vino tinto y yo pido una caña. Muchas veces tomamos también unas tapas: gambas al ajillo o boquerones en vinagre, por ejemplo. Las tapas de este bar son muy ricas. Pero hoy nosotras vamos a cenar en un restaurante.

Notas

vino(男) **tinto**　赤ワイン　　**una caña**(女) **(de cerveza)**　（細長い）グラス１杯の生ビール
gambas(女複) **al ajillo**　小エビのニンニク炒め　　**boquerones**(男複) **en vinagre**　カタクチイワシの酢漬け
por ejemplo　たとえば

会話（Conversación）　レストランでディナーを

① ***Camarero:*** Buenas tardes. ¿Qué van a tomar las señoritas para beber?
② ***Teresa:*** Cerveza.
③ ***Emi:*** Y para mí, un vaso de vino tinto, por favor.
④ ***Camarero:*** Muy bien. De primero, tenemos gazpacho, ensalada mixta y macarrones.
⑤ ***Teresa:*** Yo quiero gazpacho. ¿Y tú, Emi?
⑥ ***Emi:*** Yo también.
⑦ ***Camarero:*** Dos de gazpacho... Y de segundo, tenemos merluza a la plancha, filete de ternera y carne guisada.
⑧ ***Teresa:*** Carne guisada.
⑨ ***Emi:*** Yo, merluza. Ah, ¿nos trae una botella de agua sin gas, por favor?
⑩ ***Camarero:*** Sí, ahora mismo.

Notas

① **para beber** 飲み物として　④ **de primero** 1つめの料理（前菜）として　④ **ensalada**(女) **mixta** 野菜サラダ
⑦ **de segundo** 2つめの料理（メインディッシュ）として　⑦ **merluza**(女) **a la plancha** メルルーサ（タラの一種）の鉄板焼き　⑦ **filete**(男) **de ternera** ビーフステーキ　⑦ **carne**(女) **guisada** 牛肉の煮込み
⑨ **agua**(女) **sin gas** 炭酸なしのミネラルウォーター

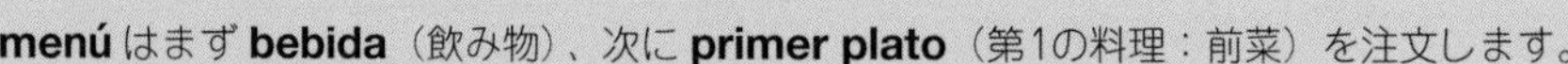

練習（Ejercicios）

1. [　　] 内の動詞を適切な形に活用させて、下線部に書き入れましょう。
1)〜9) はすべて yo を主語とします。

1) ________________ los platos en la mesa. [poner]
2) Por la tarde ________________ a pasear con mi perro. [salir]
3) Mañana te ________________ los discos. [traer]
4) No te ________________ muy bien. [oír]
5) Desde aquí ________________ las montañas. [ver]
6) ¿Qué ________________ ahora? [hacer]
7) No ________________ al profesor Pérez. [conocer]
8) No ________________ de dónde es el profesor Pérez. [saber]
9) Siempre ________________ siete horas. [dormir]
10) Julio ________________ en su novia. [pensar]
11) ¿Qué ________________ el pronóstico del tiempo? [decir]
12) Teresa siempre ________________ una cerveza. [pedir]

2. 例にならって、下線部を目的格代名詞にして全文を書き換えましょう。

例　Leo <u>el periódico</u>. → Lo leo.

1) Escribo <u>una carta</u>. →
2) Escribo <u>a Teresa</u>. →
3) Escribo <u>una carta a Teresa</u>. →
4) Te doy <u>un regalo</u>. →
5) Le doy <u>un regalo</u>. →
6) La profesora nos enseña <u>español</u>. →
7) La profesora enseña <u>español a los estudiantes</u>. →

3. インターネットなどを使って gambas al ajillo, boquerones en vinagre, gazpacho, carne guisada の写真を探して、レストランで注文する会話を作ってみましょう。

その後に **segundo plato**（第2の料理：メイン）、**postre**（デザート）が続きます。

1-49

Lección 7 (siete) — 文法（Gramática）

1 動詞 gustar と好き嫌いの表現

<u>Me</u>	<u>gusta</u>	<u>la música</u>.	「私は音楽が好きです」（英. I like music.）
私に	気に入る	音楽が	
＜間接目的語＞	(＜gustar)	＜主語＞	

¿Te gusta la paella? — Sí, me gusta mucho.
A José le gusta mucho la cerveza.
A mí me gusta mucho ver películas. Y ¿a ti? — A mí también. / A mí, no.
A mí no me gustan los perros. — A mí, sí. / A mí tampoco.

1-50

2 所有詞

所有者	前置形（無強勢形）	後置形（強勢形）
yo の	mi	mío
tú の	tu	tuyo
usted / él / ella の	su	suyo
nosotros / -tras の	nuestro	nuestro
vosotros / -tras の	vuestro	vuestro
ustedes / ellos / ellas の	su	suyo

mi, tu, su は数の変化	mi diccionario, mi habitación, mis libros, mis manos
その他は性・数の変化	nuestro coche, nuestra escuela, nuestros amigos, nuestras casas
後置形は所有代名詞になる	¿De quién es este lápiz? — Es mío.
定冠詞＋所有詞後置形	Tu casa es grande, pero <u>la mía</u> (= mi casa) es pequeña.

1-51

3 語彙（親族名称）

祖父母	abuelo, abuela	兄弟姉妹	hermano, hermana
父母	padre, madre	おじ・おば	tío, tía
息子・娘	hijo, hija	おい・めい	sobrino, sobrina
孫	nieto, nieta	いとこ	primo, prima
		夫・妻	esposo (marido), esposa (mujer)

Estos son mis padres.
Tengo un hermano y una hermana. En total, somos tres hermanos.

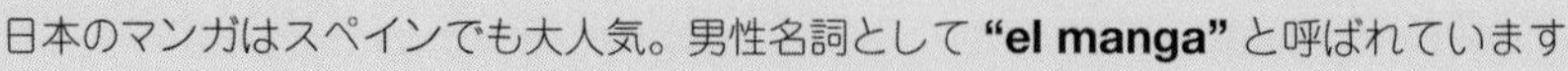
日本のマンガはスペインでも大人気。男性名詞として **"el manga"** と呼ばれています。

4 比較級

♪ 1-52

優等比較級

El avión es más rápido que el tren. Mi madre se levanta más temprano que yo.

劣等比較級

El tren es menos rápido que el avión. Yo me levanto menos temprano que mi madre.

同等比較級

El autobús es tan rápido como el tren. Mi padre se levanta tan temprano como yo.

不規則な比較級

原級（形容詞）	原級（副詞）	比較級
bueno	bien	mejor
malo	mal	peor
mucho	mucho	más
poco	poco	menos
grande	—	mayor
pequeño	—	menor

mayor, menor, 形容詞の mejor, peor は数変化あり (mayores, menores, mejores, peores)。

más, menos はいっさい変化なし。

grande, pequeño の比較級には más grande, más pequeño もあり。

Estas medicinas son mejores que esas.　Manuel tiene más libros que yo.

tan + mucho → tanto 形容詞の場合は性・数変化あり。

Manuel tiene tantos libros como el profesor. (× tan muchos libros como...)

5 最上級

♪ 1-53

形容詞の最上級：定冠詞（ときに所有詞前置形）＋比較級（+ de + 比較の範囲）

Isabel es la más inteligente de toda la clase.

Este diccionario es el mejor de todos.

副詞の最上級：

i) **es el que ... más**　Mi madre es la que se levanta más temprano de mi casa.

ii) **más ... que nadie [nada]**　Mi madre se levanta más temprano que nadie.

Me gustan los pasteles más que nada.

テレビでは「クレヨンしんちゃん」、「ワンピース」、「妖怪ウォッチ」などがヒットしました。

1-54

ミニ講読（Minilectura）　　本文（Texto）

Soy Emi. ¿Sabéis que el manga japonés es muy popular aquí en España? Muchos de mis amigos compran mangas en las librerías y les encanta leerlos. Dicen que en Barcelona es más popular que en Madrid. Manolo, primo de Teresa, es uno de los aficionados del manga japonés. Dice que le gusta mucho *Bola de dragón* y que quiere aprender japonés para poder leerlo en la lengua original. Impresionante, ¿verdad?

Notas

leerlos　それらを読むこと (=leer + los)　　**Dicen que ~.**　~と言われている。

en la lengua original　原語で

1-55

会話（Conversación）　日本のマンガは大人気

① ***Teresa:*** Parece que a Manolo le gustan mucho los mangas japoneses. Sobre todo, le encanta *Bola de dragón*. ¿A ti también te gusta *Bola de dragón*?

② ***Emi:*** Pues a mí me gusta *Doraemon* más que *Bola de dragón*.

③ ***Teresa:*** ¡A mí también! Lo veo mucho en la tele.

④ ***Emi:*** Aquí Doraemon, Nobita, Shizuka y todos hablan español perfectamente. Me hace reír.

⑤ ***Teresa:*** Manolo quiere ver libros de manga en japonés. ¿No tienes algunos?

⑥ ***Emi:*** Tengo unos, pero en Tokio. Lo siento.

⑦ ***Teresa:*** No importa. De todas maneras, no sabe leer japonés.

⑧ ***Emi:*** Pero ¿por qué le interesan tanto las cosas japonesas?

⑨ ***Teresa:*** No sé, pero a su padre, mi tío Gerardo, le gusta mucho el cine japonés, y tiene muchos DVDs de películas de Akiro Kurasowa y de Yusujira Uzu.

⑩ ***Emi:*** Son Akira Kurosawa y Yasujiro Ozu, Teresa. ¡Vaya, es una familia japonófila!

Notas

④ **hacer reír** 笑わせる　⑤ **algunos** いくつか　⑥ **Lo siento.** ごめんなさい。

⑦ **No importa.** かまいません。　⑦ **de todas maneras** いずれにせよ

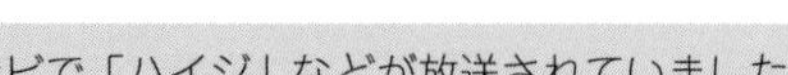
1980年代からすでにテレビで「ハイジ」などが放送されていました。

練習（Ejercicios）

1.（　　）内に1語ずつ入れて、スペイン語訳を完成させましょう。

1) 私はネコ（gatos）が好きです。

(　　)(　　　　) los gatos.

2) 私はテニスをするのが好きです。

(　　)(　　　　) jugar al tenis.

3) エミは「ドラえもん」が好きです。

(　　)(　　　　)(　　)(　　　　) *Doraemon.*

4) テレサはワインがあまり好きではありません。

(　　)(　　　　)(　　)(　　) gusta mucho el vino.

2. 次の語句の日本語の部分をスペイン語に直しましょう。

1) 私の diccionario
2) 私たちの casa
3) 君たちの profesor
4) 彼女の amigas
5) 彼らの clase
6) 彼の libros
7) あなたがた（Uds.）の universidad
8) 彼らの país
9) あなた（Ud.）の familia
10) 私の padres
11) 君の problemas
12) 私たちの hijos

3. 例にならって比較の文を作りましょう。

例1　Teresa es guapa.（優等比較級 / yo）
→ Teresa es más guapa que yo.

例2　Los italianos son altos.（劣等比較級 / los alemanes）
→ Los italianos son menos altos que los alemanes.

例3　El fútbol es popular.（同等比較級 / el béisbol）
→ El fútbol es tan popular como el béisbol.

1) El avión es rápido.（優等比較級 / el tren）

2) José tiene muchas amigas.（優等比較級 / yo）

3) El coche es rápido.（劣等比較級 / el tren）

4) Yo estoy ocupado.（同等比較級 / tú）

今では驚くほど多様な日本のコミックの単行本がスペイン語訳されて書店に並んでいます。

1 再帰代名詞と再帰動詞

再帰代名詞とは？ 直接または間接の目的格人称代名詞で、かつ動詞の主語と同一人(物)を指すもの。ですから基本的に「自分自身を / に」という意味を持ちます。1，2人称では me, te, nos, os という普通の形を使い、3人称のときは再帰専用の se という形になります。

再帰動詞とは？ 「再帰代名詞 ＋ 動詞」のこと。ですから基本的に「自分自身を / に〜する」という意味を持ちます。しかし、その枠に収まらない様々な使い方もあります。

1-56

2 再帰動詞の活用例

levantarse（起きる）

me levanto	nos levantamos
te levantas	os levantáis
se levanta	se levantan

llamarse（〜という名である）

me llamo	nos llamamos
te llamas	os llamáis
se llama	se llaman

irse（立ち去る）

me voy	nos vamos
te vas	os vais
se va	se van

1-57

3 再帰動詞の諸用法

1) **再帰**「自分自身を / に〜する」

Me lavo la cara.　¿Cómo te llamas? — Me llamo Masamichi.

Mi hermana se levanta a las seis.　¿Nos sentamos aquí?

2) **相互**「互いに〜し合う」

Beatriz y Sergio se pelean a menudo, pero en realidad se quieren mucho.

Ella y yo nos enviamos muchos mensajes.

3) **強意・転意**

Me voy. — ¿Ya te vas?　Mi padre se bebe una botella de vino.

4) **受身**「〜される」（主語は事物に限られます）

Se construyen muchos edificios nuevos.

Los sellos se venden en los estancos.

5) **不定主語**「人は一般に…する」（se ＋ 動詞の3人称単数形）

Se habla español en muchos países.

En este restaurante se come muy bien.

スペインの朝御飯は菓子パンとコーヒーだけといったとても軽いものが普通です。

4 人称代名詞一覧

♪ 1-58

		強勢代名詞			無強勢代名詞		
		主格	前置詞格		再帰	非再帰	
			非再帰	再帰		間接目的格	直接目的格
単数	1人称	yo	mí***		me		
	2人称	tú	ti***		te		
	3人称	usted él [男] ella [女] ello [中]		sí***	se	le (se)**	lo / le* [男] la [女] lo [中]
複数	1人称	nosotros [男] nosotras [女]			nos		
	2人称	vosotros [男] vosotras [女]			os		
	3人称	ustedes ellos [男] ellas [女]		sí***	se	les (se)**	los [男] las [女]

* スペインでは人間の「彼を、あなた（男性）を」に le を、物の「それ（男性）を」に lo を使う傾向があります。ラテンアメリカではどちらにも lo を使います。

¿Conoces a Eugenio? — Sí, le conozco. / Sí, lo conozco.

¿Quieres café? — Sí, lo quiero.

** se は、直接目的格 3 人称の代名詞と一緒に用いられるときの形です。

Les enseño unas fotos. → Se las enseño.

*** mí, ti, sí は前置詞 con と結合して、それぞれ conmigo, contigo, consigo となります。

¿Vienes conmigo? — Sí, voy contigo.　　Carmen siempre lleva a su niña consigo.

大都市以外では昼食を食べに家に帰り、食後に昼寝（**siesta**）をしてから再び仕事開始です。

♪ 1-59

ミニ講読（Minilectura） — 本文（Texto）

Hoy os voy a hablar un poco sobre mi vida diaria. Todas las mañanas entre semana me levanto a las siete, y después de vestirme y lavarme la cara, tomo el desayuno con toda la familia. Voy a la universidad en autobús y llego al aula a las nueve menos cuarto. Normalmente las clases terminan a la una, y después como en el comedor de alumnos con unos amigos míos. Por la tarde no hay clase, pero muchas veces tengo que estudiar en la biblioteca.

Notas

entre semana 平日の

♪ 1-60

会話（Conversación） 日本のこと、知ってる？

① ***Teresa:*** ¡Ah, la cerveza está muy buena!

② ***José:*** Oye, Emi, ¿en Japón se toma cerveza?

③ ***Emi:*** ¡Claro que sí! La cerveza japonesa es muy rica, ¿eh?

④ ***José:*** Pero allí no se toma café.

⑤ ***Emi:*** ¡Sí! Una gran diferencia es que en Japón se come a las doce del mediodía.

⑥ ***José:*** ¡Qué temprano! Aquí nadie come a las doce. Normalmente se come a las dos. Y ¿a qué hora se cena en Japón?

⑦ ***Emi:*** Depende, pero en mi casa cenamos a las siete y media.

⑧ ***José:*** Y aquí cenamos a las nueve. Tenemos horarios muy diferentes.

⑨ ***Teresa:*** Emi, ¿cuántos idiomas se hablan en Japón?

⑩ ***Emi:*** Se habla japonés casi exclusivamente.

⑪ ***Teresa:*** En España se hablan cuatro idiomas.

⑫ ***Emi:*** Sí, el castellano, el catalán, el gallego y el vasco, ¿verdad?

⑬ ***Teresa:*** Exactamente. Yo soy de Barcelona y con mi familia hablo en catalán.

Notas

② **oye** ねえ（親しい人に） ③ **claro que ~** もちろん～です ⑦ **depende** 場合による

⑧ **horario** 時間割 ⑩ **exclusivamente** もっぱら

カスティーリャ語は、通常スペイン語（**el español**）と呼ばれる言語と同じものです。

練習（Ejercicios）

1. （　）内に適切な再帰代名詞を入れましょう。

1) (　　　　) llamo Akiko.
2) Gabriel (　　　　) afeita antes de salir de casa.
3) Siempre (　　　　) sentamos cerca de las ventanas.
4) Mi madre (　　　　) levanta muy temprano.
5) No (　　　　) ducho por la mañana, sino por la noche.
6) (　　　　) tenéis que lavar bien las manos.
7) José y Carmen (　　　　) quieren mucho.
8) Marta (　　　　) va a poner su nuevo traje.
9) Las revistas (　　　　) venden en los quioscos.

2. スペイン語に訳しましょう。

1) フアナは出かける前に髪をとかす。（Juana, peinarse）

2) 切符はどこで売っていますか？（los billetes）

3) 父と私は理解しあえない。（comprender）

3. 自分の生活について、次の質問にスペイン語で答えましょう。

1) ¿A qué hora te levantas entre semana?

2) ¿A qué hora te levantas los domingos?

3) ¿Cómo vienes a la universidad, en tren, en autobús, en metro, en bicicleta, en coche, en moto, o a pie?

4) ¿Comes normalmente en el comedor de alumnos?

5) ¿Te bañas por la mañana o antes de acostarte?

6) ¿A qué hora te acuestas?

バスク語は他の公用語 3 言語とは全く異なる言語で、日本語と同じく系統不明です。

1-61

Lección 9 (nueve)

文法（Gramática）

1 スペイン語の過去

スペイン語には点過去と線過去の2種類の過去があります。

Cuando mi padre volvió a casa, nosotros ya cenábamos.

父が家に帰った（点過去）とき、もう私たちは夕食を取っていた（線過去）。

Cuando me duchaba, sonó el teléfono.

私がシャワーを浴びていた（線過去）とき、電話が鳴った（点過去）。

♪ 1-62

2 直説法点過去の規則活用

hablar

hablé	hablamos
hablaste	hablasteis
habló	hablaron

comer

comí	comimos
comiste	comisteis
comió	comieron

vivir

viví	vivimos
viviste	vivisteis
vivió	vivieron

つづり字に注意が必要な動詞

buscar: busqué, buscaste... **llegar:** llegué, llegaste... **empezar:** empecé, empezaste...

La clase empezó a las nueve en punto. José comió paella y yo comí espaguetis.

Susana vivió seis años en Hiroshima, la ciudad natal de su marido.

♪ 1-63

3 直説法点過去の不規則活用（1）：語幹母音変化動詞のうち -ir 動詞

sentir

［直現 1 単 siento］

sentí	sentimos
sentiste	sentisteis
sintió	sintieron

pedir

［直現 1 単 pido］

pedí	pedimos
pediste	pedisteis
pidió	pidieron

dormir

［直現 1 単 duermo］

dormí	dormimos
dormiste	dormisteis
durmió	durmieron

¿No sintió Ud. el terremoto de anoche? —No, yo no sentí nada.

Todos pidieron una caña de cerveza.

Los niños durmieron muy bien anoche.

Las tres amigas se divirtieron mucho en el viaje. (<divertirse [直現 1 単 me divierto])

Nos sirvieron una carne guisada muy rica. (<servir [直現 1 単 sirvo])

Picasso murió en 1973 (mil novecientos setenta y tres). (<morir [直現 1 単 muero])

スペインは美術大国でもあり、「裸のマハ」、「着衣のマハ」の作者 **Goya** は特に有名です。

4 直説法点過去の不規則活用（2）：強変化動詞

♪ 1-64

querer

quise	quisimos
quisiste	quisisteis
quiso	quisieron

tener

tuve	tuvimos
tuviste	tuvisteis
tuvo	tuvieron

decir

dije	dijimos
dijiste	dijisteis
dijo	dijeron

hacer → hice
venir → vine

estar → estuve
andar → anduve

poder → pude
poner → puse
saber → supe

traer → traje
conducir → conduje
traducir → traduje

Ayer hizo mal tiempo todo el día.
Anteayer vino a verme un viejo amigo mío.
La semana pasada tuvimos un examen muy difícil.
El mes pasado supe esa estupenda noticia.
El año pasado la profesora tradujo una novela española al japonés.

5 直説法点過去の不規則活用（3）：その他の不規則活用

♪ 1-65

leer

leí	leímos
leíste	leísteis
leyó	leyeron

dar

di	dimos
diste	disteis
dio	dieron

ser / ir

fui	fuimos
fuiste	fuisteis
fue	fueron

creer → creí, ..., creyó, ..., creyeron
oír → oí, ..., oyó, ..., oyeron

¿Leíste el anuncio del tablón? —No, no lo leí.
Nos dieron un consejo muy útil.
Ayer fue domingo.
Ayer fue a Toledo.
El sábado pasado fuimos a Sevilla en AVE.

Goya (1746～1828) の他 **Velázquez (1599～1660), El Greco (1541～1614)** も重要です。

1-66

ミニ講読（Minilectura）

本文（Texto）

Pablo Picasso, uno de los pintores más famosos del mundo, nació en Málaga, en el sur de España. Estudió Bellas Artes en varias escuelas, pero a la edad de dieciséis años, decidió dejar de estudiar en escuelas. Después se fue a París, y en esa ciudad pasó la mayor parte de su vida y produjo innumerables obras. El《Guernica》, su obra más representativa, la pintó Picasso al saber la noticia del bombardeo del pueblo con el mismo nombre por las fuerzas aéreas alemanas. No dejó de producir nuevas obras hasta que murió a la edad de noventa y un años.

Notas

Bellas Artes(女複) 美術　**dejar de** + 不定詞 ～するのをやめる　**la mayor parte de~** ～の大部分　**al saber ~** ～を知って，知ったときに　**las fuerzas**(女複) **aéreas** 空軍　**no dejar de** + 不定詞 ～するのをやめない，～し続ける　**hasta que ~** ～するまで

1-67

会話（Conversación）　楽しい日曜日の代償

① ***Carlo:*** ¡Hola, Emi, buenos días! ¡Ayer fue un día muy divertido!

② ***Emi:*** ¿Sí? ¿Qué hiciste?

③ ***Carlo:*** Por la mañana mis amigos italianos y yo fuimos al Centro de Arte Reina Sofía. Vimos varias obras de Picasso, y vi el《Guernica》por primera vez. Me impresionó mucho. Luego tomamos un almuerzo ligero y fuimos a la Casa de Campo y subimos al teleférico.
¿Conoces la Casa de Campo?
¿No? Pues, tienes que ir. Es un parque enorme y la vista desde el teleférico es magnífica. Por la noche fuimos al bar de José, bebimos mucho y charlamos mucho. Y tú, ¿qué hiciste?

④ ***Emi:*** Yo estudié en casa.

⑤ ***Carlo:*** ¿Estudiaste? ¿Por qué? Ayer fue domingo.

⑥ ***Emi:*** Porque hoy tenemos un examen de gramática. ¿No lo tenéis en tu clase?

⑦ ***Carlo:*** ¡Ah...!

Notas

③ **el Centro**(男) **de Arte Reina Sofía** ソフィア王妃芸術センター　③ **la Casa**(女) **de Campo** カサ・デ・カンポ（マドリード南西部にある緑地帯）

Madrid や **Barcelona** のような大都市には大小の美術館がまさに無数にあります。

練習（Ejercicios）

1. [　　] 内の動詞を点過去形にして下線部に書き入れましょう。

1) Ayer yo ____________ pescado. [comer]
2) Anteayer Mario ____________ de casa a las siete y media. [salir]
3) La semana pasada nosotros ____________ mucho. [estudiar]
4) Ayer por la tarde yo ____________ en la piscina. [bañarse]
5) Antonio y Juan ____________ a muchas amigas a la fiesta anoche. [traer]
6) Mis amigos ____________ a Osaka el sábado pasado. [venir]
7) Masato ____________ un viaje a China el mes pasado. [hacer]
8) ¿Tú me ____________ la verdad entonces? — Sí, te ____________ la verdad. [decir]
9) Yo no ____________ saber la verdad. [poder]
10) ¿A dónde ____________ tú anoche? [ir]
11) ¿Dónde____________ Uds. el domingo pasado? [estar]
12) ¿Dónde ____________ Ud. su abrigo? [poner]

2. 点過去を用いてスペイン語に訳しましょう。

1) フリオとソニアはそのベンチに座りました。(Julio, Sonia, sentarse, banco)
2) この前の金曜日、私は小包をひとつ受け取りました。(recibir, un paquete)
3) 彼らは私たちにとても良いアドバイスをくれました。(un consejo muy bueno)
4) 彼の妻はとても高い料理を注文しました。(un plato muy caro)
5) 私たちは 8 時間眠りました。
6) 先週は君に電話する時間がなかったよ。(tiempo para llamarte)
7) 昨日はとても天気が悪かった。

ピカソ美術館はたくさんあります。2003年には生地 **Málaga** にもピカソ美術館がオープン。

1-68

Lección 10 (diez)

1 数詞 101～

101 ciento uno (un, una)　102 ciento dos　157 ciento cincuenta y siete
200 doscientos, -tas　300 trescientos, -tas　400 cuatrocientos, -tas
500 quinientos, -tas　600 seiscientos, -tas　700 setecientos, -tas
800 ochocientos, -tas　900 novecientos, -tas　1000 mil
1492 mil cuatrocientos noventa y dos
2000 dos mil　2010 dos mil diez
10 000 diez mil　100 000 cien mil
234 567 doscientos treinta y cuatro mil quinientos sesenta y siete
1 000 000 un millón　2 000 000 dos millones　10 000 000 diez millones

El ordenador cuesta 850 (ochocientos cincuenta) euros, casi 110 000 (ciento diez mil) yenes.
Mi padre nació en 1971 (mil novecientos setenta y uno).
La población de Japón es de unos 120 000 000 (ciento veinte millones), y la de Tokio, unos 14 000 000 (catorce millones).

1-69

2 順序数詞

1.º / I primero　2.º / II segundo　3.º / III tercero
4.º / IV cuarto　5.º / V quinto　6.º / VI sexto
7.º / VII séptimo　8.º / VIII octavo　9.º / IX noveno　10.º / X décimo

XI, XII, XIII, XIV, XV, XVI, XVII, XVIII, XIX, XX, XXI

La 9.ª (novena) sinfonía de Beethoven es famosa en todo el mundo.
La sala de informática está en el 4.º (cuarto) piso.
Alfonso X (décimo) el Sabio murió en 1284 (mil doscientos ochenta y cuatro).
Estamos en el siglo XXI (veintiuno).

1-70

3 曜日

月 lunes　火 martes　水 miércoles　木 jueves
金 viernes　土 sábado　日 domingo

¿Qué día es hoy? — Hoy es martes.

イベリア半島がローマの支配を受けたころ、この地はラテン語で **Hispania** と呼ばれました。

4 疑問詞

1-71

qué	¿Qué lees? ¿Qué día es hoy? ¿Qué música te gusta?
quién (quiénes)	¿Quiénes son estos señores? ¿A quién esperas?
cuál (cuáles)	¿Cuál es su dirección? ¿Cuáles son tus zapatos?
cuándo	¿Cuándo empiezan las vacaciones?
cuánto (-ta, -tos, -tas)	¿Cuánto cuesta? ¿Cuántos años tienes?
cómo	¿Cómo estás? ¿Cómo es José? ¿Cómo te llamas?
dónde	¿Dónde vives? ¿De dónde eres? ¿A dónde vas?
por qué	¿Por qué hay tanta gente aquí? — Porque va a llegar un actor famoso.

5 感嘆文

1-72

¡Qué + 形容詞! ¡Qué grande es este jardín!

¡Qué + 副詞! ¡Qué bien canta este chico!

¡Cómo + 動詞! ¡Cómo trabajan estos camareros!

¡Cuánto（または Qué de）+ 名詞!

¡Cuánta gente! ¡Qué de gente!

¡Qué + 名詞 + más（または tan）+ 形容詞!

¡Qué paisaje más bonito! ¡Qué paella tan rica!

6 不定語・否定語

1-73

algo ⇔ nada	¿Tienes algo? — No, no tengo nada.
alguien ⇔ nadie	¿Vino alguien? — No, no vino nadie.（= No, nadie vino.）
alguno ⇔ ninguno	¿Viste alguna película interesante? — No, no vi ninguna.
	¿Leíste algún libro interesante?
	— No, no leí ninguno（= ningún libro interesante）.

7 日付

1-74

1月 enero	2月 febrero	3月 marzo	4月 abril	5月 mayo
6月 junio	7月 julio	8月 agosto	9月 septiembre	10月 octubre
11月 noviembre	12月 diciembre			

¿A cuántos estamos? — Estamos a 7 de julio.

¿Qué fecha es hoy? — Hoy es (el) 30 de septiembre.

711年にイスラム勢力が侵入、以来800年間の **Reconquista**（国土回復運動）が続きます。

1-75

ミニ講読（Minilectura）

本文（Texto）

En el año 205 antes de Jesucristo, Roma venció a Cartago y la mayor parte de la Península Ibérica comenzó a formar parte del Imperio Romano. Después de la caída de Roma, entraron unos pueblos germánicos y en el siglo V se estableció el Reino visigodo. En 711 hubo la primera invasión de los musulmanes desde el Norte de África, y en pocos años estos dominaron gran parte de la Península. El dominio islámico de la Península duró hasta 1492, cuando el último rey árabe se fue de Granada. Ahora en España se pueden ver varios patrimonios culturales árabes.

Notas

antes de Jesucristo 紀元前　**formar parte de ~** ～の一部となる　**pueblos**㊚㊮ **germánicos** ゲルマン民族　**el Reino**㊚ **visigodo** 西ゴート王国　**musulmán**㊚ イスラム教徒　**patrimonio**㊚ **cultural** 文化遺産

1-76

会話（Conversación）

お金の使い方

① ***Emi:*** Ayer encontré en una tienda un bolso muy bonito.
② ***Teresa:*** ¿Cómo es?
③ ***Emi:*** Es de cuero de toro y es de color marrón. Me gustó mucho.
④ ***Teresa:*** ¿Y no lo compraste?
⑤ ***Emi:*** No, porque es muy caro. Cuesta 189 euros.
⑥ ***Teresa:*** ¡Qué caro!
⑦ ***Emi:*** Y además tengo que comprar el libro《El buen uso del español》.
⑧ ***Teresa:*** ¡Ah, el libro muy grueso! ¿Cuánto cuesta?
⑨ ***Emi:*** 110 euros.
⑩ ***Teresa:*** ¿Y lo tienes que comprar?
⑪ ***Emi:*** Vine a España para aprender español, no para comprar artículos de marca.
⑫ ***Teresa:*** Bien dicho, Emi.

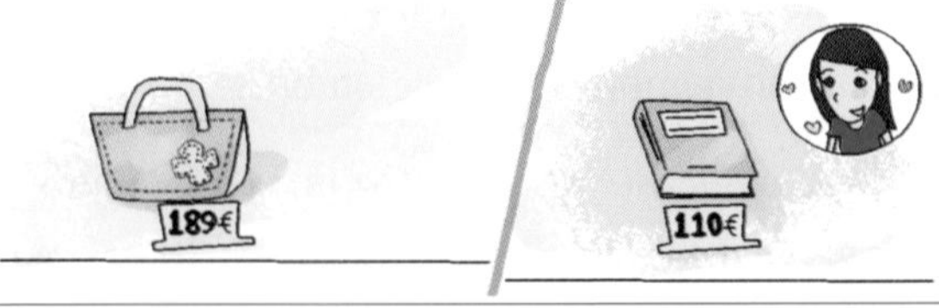

Notas

⑦ **buen uso**㊚ 正しい言葉づかい　⑪ **artículo**㊚ **de marca** ブランド品　⑫ **bien dicho** よく言った

1492年に最後のイスラム領土であった **Granada** が陥落、「レコンキスタの完成」です。

練習（Ejercicios）

1. 次の数詞をスペイン語で書きましょう。*印のついたものは男性形と女性形の区別があります。それらは両方を書きましょう。

175	520*	808*	1100	2011
4700*	9653*	14 000	600 000*	278 941*

2. （　　）の中に入れるのに最も良いものを後の｛　　｝の中から一つ選びましょう。

1) ¿(　　　　) son tus zapatos? — Los míos son éstos. { Cuáles / De quién / Qué }

2) ¿(　　　　) tomas? — Tomo un café cortado. { Cuál / Cuándo / Qué }

3) ¿(　　　　) son Uds.? — Somos de Japón. { De dónde / Dónde / Quiénes }

4) ¿(　　　　) están Uds.? — Estamos muy bien, gracias. { Cómo / Cuándo / Dónde }

5) ¿(　　　　) es la clase de inglés? — Es a la una y diez. { Cómo / Cuándo / Dónde }

6) ¡(　　　　) rica paella! { Cómo / Cuánto / Qué }

7) ¿(　　　　) son estos señores? — Son nuestros profesores. { Qué / Quién / Quiénes }

8) ¿(　　　　) hermanos tienes? — Tengo dos: un hermano mayor y una hermana menor.
{ Cuánto / Cuántos / Quiénes }

3. 左側の西暦年をスペイン語で読み、右側のスペインで起きた出来事と結びつけましょう。歴史については書籍やインターネットなどで調べてください。

1479 ·	· Terminó la dictadura de Francisco Franco.
1588 ·	· Empezó la Guerra Civil Española.
1701 ·	· La Armada Invencible fue derrotada por Inglaterra.
1936 ·	· Se formó el Reino de España.
1975 ·	· Se celebraron los Juegos Olímpicos de Barcelona.
1992 ·	· Empezó la Guerra de Sucesión Española.

1492年は重要な年。コロンブスの新大陸到達、初めてのスペイン語文法書の刊行なども。

2-1

Lección 11 (once)

文法（Gramática）

1 直説法線過去の規則活用

hablar

hablaba	hablábamos
hablabas	hablabais
hablaba	hablaban

comer

comía	comíamos
comías	comíais
comía	comían

vivir

vivía	vivíamos
vivías	vivíais
vivía	vivían

Cuando la conocí, ella estudiaba Historia de Bellas Artes Europeas.
Cuando la conocí, ella tenía 18 años.
Cuando la conocí, ella vivía sola en Tokio.

♪ 2-2

2 直説法線過去の不規則活用

ser

era	éramos
eras	erais
era	eran

ir

iba	íbamos
ibas	ibais
iba	iban

ver

veía	veíamos
veías	veíais
veía	veían

Cuando era niño, me gustaba mucho jugar con mis amigos.
Cuando éramos niños, íbamos muchas veces a la piscina.
Cuando era niña, siempre veía la televisión.

♪ 2-3

3 線過去の使い方

1) 過去において継続していた行為・状態

Entonces vivíamos en un pueblo pequeño.
Entonces Carlos estaba enamorado de Victoria.

2) 過去において繰り返された行為・習慣

Vicente siempre llegaba tarde a la clase.
En esa época siempre íbamos a la cafetería después de la clase.

3) 時制の一致

Joaquín me dijo que quería estudiar informática.
（← Joaquín me dijo: “Quiero estudiar informática.”）

標高2280m に位置する都市遺跡 **Machu Picchu** はインカ帝国時代のものとされています。

4 点過去と線過去

2-4

Cuando yo contemplaba las pinturas, me robaron la cartera.

Cuando entré en la habitación, mi padre veía la televisión.

Bajé del tren, compré un periódico en el quiosco, subí por la escalera y salí de la estación.

Me levanté y abrí la ventana. Hacía buen tiempo.

Ayer jugamos al fútbol.

Antes jugábamos al fútbol.

5 現在分詞の作り方

現在分詞は動詞から作った副詞です。副詞なので、性・数の変化はありません。

・規則的な現在分詞

-ar → -ando	-er → -iendo	-ir → -iendo
hablar → hablando	comer → comiendo	vivir → viviendo

・「母音 ＋ iendo」は「母音 ＋ yendo」に変わります。

leer → leyendo（× leiendo）　　oír → oyendo（× oiendo）

・語幹母音変化動詞（および同様の活用をする動詞）のうちの -ir 動詞

sentir → sintiendo	pedir → pidiendo	seguir → siguiendo
decir → diciendo	venir → viniendo	dormir → durmiendo

6 現在分詞の使い方

1) 基本的には「…しながら」という意味

Mario va corriendo al colegio.

Esperé el autobús leyendo un libro.

2) **estar + 現在分詞**　「…している（最中である）」

Los estudiantes están estudiando en la biblioteca.

Cuando la mamá abrió la puerta, el niño ya estaba durmiendo.

3) **seguir / continuar + 現在分詞**　「…し続ける」

La niña sigue llorando.

¿Continúan viviendo en la misma casa?

ペルーにはインカ文明以前にも様々な文明が栄えていたと考えられています。

♪ 2-7

ミニ講読（Minilectura） ——— 本文（Texto）

Se supone que el primer hombre llegó al Perú hace unos cien mil años. A partir de entonces se desarrollaron varias culturas. Aún ahora siguen descubriéndose muchas muestras de su arte y tecnología. El Imperio Inca fue el imperio más grande del Continente Americano. Su capital era Cusco. Allí se creía que toda la tierra pertenecía al Sol, y cada habitante recibía al nacer una determinada extensión de campo para cultivar. En el Imperio se hablaba el quechua. Este idioma sigue siendo una de las lenguas oficiales del Perú, y se enseña en las escuelas.

Notas

Se supone que ~ 〜と推測されている　　**desarrollarse** 発展する

♪ 2-8

会話（Conversación） テレサのお父さん

① ***Teresa:*** Emi, te presento a mi Papá.

② ***Emi:*** Buenas tardes, señor. Mucho gusto.

③ ***Raúl:*** Hola. Teresa me habla mucho de ti. Dice que estudias español muy aplicadamente. Está muy bien estudiar mucho de joven.
A mí también me gustaba mucho estudiar, cuando era joven...

④ ***Teresa:*** Papá, no vas a contarnos tu historia de siempre, ¿verdad?

⑤ ***Raúl:*** Teresa, ahora estoy hablando con Eme.

⑥ ***Emi:*** Emi.

⑦ ***Raúl:*** Ah, perdona. Pero también hay que hacer ejercicio.
Cuando era niño, jugábamos al fútbol casi todas las tardes. Así conseguí tener un cuerpo sano. Cuando era joven, muchas veces tenía que trabajar hasta muy tarde, y no me pasaba nada.

⑧ ***Teresa:*** Y ahora, mira qué barriga tiene.

⑨ ***Emi:*** Pero la verdad es que parece Ud. muy joven.

⑩ ***Raúl:*** Eso es porque antes hacía mucho ejercicio.
La salud es lo más importante en la vida, Ime.

⑪ ***Teresa y Emi:*** Emi.

Notas

③ **Está bien + 不定詞** 〜するのは良いことだ。　　③ **de joven** 若い頃に

⑦ **perdona** ごめんなさい　　⑦ **no me pasaba nada** 私は何ともなかった・平気だった

1. 例にならって ahora（「今」という意味）を消し、代わりに también antes（「以前も」という意味）を加えて、線過去の文に書き換えましょう。

例 **Ahora** Susana siempre come con sus amigos.
→ **También antes** Susana siempre comía con sus amigos.

1) Ahora Alberto siempre vuelve a casa en tren.

2) Ahora voy al cine todos los domingos.

3) Ellos son católicos ahora.

4) Ahora veo este programa de televisión todas las semanas.

2. [　　] 内の動詞を使い、........ 部に点過去形、＿＿＿ 部に線過去形を入れて文を完成させましょう。

1) 私は大学で経済学を勉強しました。[estudiar]
.... Economía en la universidad.

2) 私は5歳のときにピアノを習い始めました。[empezar, tener]
.... a aprender piano cuando ＿＿＿＿＿＿＿＿ cinco años.

3) 父が家に帰り着いたとき、もう11時でした。[ser, llegar]
Ya ＿＿＿＿＿＿＿＿ las once cuando mi padre .... a casa.

4) 昨日は雨が降っていたので、私は一日中家にいました。[estar, estar]
Ayer .... en casa todo el día, porque ＿＿＿＿＿＿＿＿ lloviendo.

5) 彼らはこの前の日曜日にテニスをした。[jugar]
.... al tenis el domingo pasado.

6) 彼らは毎週日曜日にテニスをしたものだった。[jugar]
＿＿＿＿＿＿＿＿ al tenis todos los domingos.

3. [　　] 内の動詞を点過去または線過去の適切な形にして（　　）内に書き入れましょう。

1) El domingo pasado nosotros (　　　　　) al teatro. [ir]

2) Todos los domingos nosotros (　　　　　) al teatro. [ir]

3) José me (　　　　　) que (　　　　　) aprender francés. [decir, querer]

4) Yo (　　　　　) este jersey cuando (　　　　　) en Barcelona. [comprar, estar]

カタルーニャ人以外の人が会話に加わっているときは、カスティーリャ語で話します。

2-9

Lección 12 (doce)

1 過去分詞

・規則的な過去分詞

-ar → -ado	-er → -ido	-ir → -ido
hablar → habl<u>ado</u>	comer → com<u>ido</u>	vivir → viv<u>ido</u>

・不規則な過去分詞

abrir → abierto	poner → puesto	decir → dicho	escribir → escrito
cubrir → cubierto	morir → muerto	hacer → hecho	ver → visto
	volver → vuelto	romper → roto	

過去分詞は動詞から作った形容詞です。形容詞なので、性・数の変化があります。

例：hablado, hablada, hablados, habladas

ただし、次に見るような完了系時制（「○○完了」という名前の時制）を作る過去分詞は性・数の変化をせず、-o で終わる形のみを使います。

♪ 2-10

2 直説法現在完了の活用

haber の直説法現在　＋　過去分詞

haber の直説法現在

he	hemos
has	habéis
ha	han

⇨

comer の直説法現在完了

he comido	hemos comido
has comido	habéis comido
ha comido	han comido

練習：次の動詞を直説法現在完了に活用してみましょう。

cantar, desayunar, comer, salir

abrir, decir, escribir, ver, volver

ドン・キホーテの作者 **Cervantes** は60歳近くになって創作を始めた特異な経歴を持ちます。 

文法（Gramática）

3 現在完了の用法

♪ 2-11

・現在までに完了した行為・できごと

¿Has comido ya? — Sí, ya he comido.

¿Ha llegado el médico? — No, todavía no ha llegado.

・現在までの経験

¿Ha visto Ud. alguna vez el baile flamenco? — Sí, lo he visto una vez.

¿Habéis estado en Perú? — No, no hemos estado allí nunca.

・現在を含むひとつの時間単位の中での行為・できごと

Normalmente me levanto a las siete, pero esta mañana me he levantado a las seis.

Este verano ha llovido mucho.

4 ser 受身、estar 受身

（主語 ＋）ser / estar ＋ 過去分詞[主語と性数一致]（＋ por ＋ 行為者）

Los árabes construyeron este castillo.

→ Este castillo fue construido por los árabes.

Todos quieren a Laura.

→ Laura es querida por todos.

ser 受身は動作、estar 受身は状態が原則です。

La tienda fue abierta.	La tienda estaba abierta.
La tienda ha sido abierta.	La tienda está abierta.

動詞によっては por のかわりに de を使うものがあります。

La ciudad de Toledo está rodeada de murallas.

5 不定詞

単純不定詞（= 原形）は「〜すること」、完了不定詞（= haber ＋ 過去分詞）は「〜したこと」という名詞的な働きをします。

A los cubanos les gusta bailar.

¿No te acuerdas de haberme visto?

♪ 2-14

ミニ講読（Minilectura）

本文（Texto）

¿Habéis leído la novela titulada *El ingenioso hidalgo Don Quijote de la Mancha*? ¿No? Pero habéis oído el título, ¿verdad? Esta novela fue escrita por el escritor español llamado Miguel de Cervantes Saavedra. La primera parte fue publicada en 1605, y la segunda parte en 1615. Con esta novela Cervantes pretendió hacer una parodia de los libros de caballerías, muy populares en esa época. Aunque la novela tuvo mucho éxito, Cervantes murió pobre un año después de la publicación de la segunda parte.

Notas

El ingenioso hidalgo Don Quijote de la Mancha 『奇想驚くべき郷士ドン・キホーテ・デ・ラ・マンチャ』

libros(男複) **de caballerías** 騎士道小説

♪ 2-15

会話（Conversación）

テオティワカンのピラミッド

① ***Teresa:*** ¿Has estado alguna vez en México?

② ***Emi:*** No, es que no conozco América Latina. ¿Tú has estado allí?

③ ***Teresa:*** Sí, fui con mi familia el verano pasado.

④ ***Emi:*** ¡Qué envidia! ¿Qué visitasteis?

⑤ ***Teresa:*** Pues visitamos varios lugares, pero lo más impresionante para mí fueron las pirámides de Teotihuacán.

⑥ ***Emi:*** ¿Teotihuacán? El nombre suena un poco raro, ¿no?

⑦ ***Teresa:*** Es la palabra náhuatl que quiere decir《el lugar donde fueron hechos los dioses》. Las pirámides fueron construidas en el siglo II antes de Jesucristo.

⑧ ***Emi:*** ¡Qué antiguas!

⑨ ***Teresa:*** Sí. Una pirámide está dedicada al Sol, y la otra a la Luna. Subimos a la pirámide del Sol, y al día siguiente a todos nos dolían las piernas.

Notas

⑤ **lo más impresionante** 最も印象的だった物（場所）　⑦ **querer decir ~** ～を意味する

⑦ **el lugar donde fueron hechos los dioses** 神々が作られた場所（donde は場所の関係副詞 → 第13課）

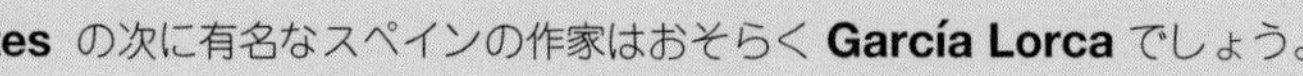
Cervantes の次に有名なスペインの作家はおそらく **García Lorca** でしょう。

練習（Ejercicios）

1. （　　）の中に入れるのに最も良いものを後の｛　　｝の中から一つ選びましょう。

1) Me gusta (　　　　　　) música. { escuchar / escuchando / escuchado }

2) Este edificio fue (　　　　　　) el año pasado. { constuir / construyendo / construido }

3) Manuel lava los platos (　　　　　　). { cantar / cantando / cantado }

4) Los bancos están (　　　　　　) ahora. { cerrar / cerrando / cerrados }

5) No podemos comer sin (　　　　　　). { trabajar / trabajando / trabajados }

6) Cecilia está (　　　　　　) a su novio en la cafetería. { esperar / esperando / esperada }

7) No es fácil (　　　　　　) este libro. { leer / leyendo / leído }

8) Esta profesora es muy (　　　　　　) en Europa. { conocer / conociendo / conocida }

2. [　　] 内の動詞を現在完了形にして（　　）内に書き入れましょう。

1) ¿(　　　　　　　　) usted alguna vez en España? [estar]

2) Nosotros (　　　　　　　　) ya. [comer]

3) Yo nunca (　　　　　　　　) alemán. [aprender]

4) ¿A qué hora (　　　　　　　　) tú esta mañana? [levantarse]

5) Yo no (　　　　　　　　) ocasión de viajar al extranjero. [tener]

6) Yo (　　　　　　　　) su carta, pero todavía no la (　　　　　　　　). [recibir, leer]

7) Desde entonces ya (　　　　　　　　) cinco años. [pasar]

8) Yo (　　　　　　　　) que pronto vas a casarte. [oír]

3. スペイン語に訳しましょう。

1) 私はもうこの小説を読み終えてしまいました。(terminar de leer)

2) 私はまだこの新しいスペイン映画を見ていない。(nueva película española)

3) この夏はたくさん雨が降った。(este verano)

4) マリア夫人は孫たちに囲まれています。(doña María, nietos)

García Lorca は多くの優れた詩や戯曲を残しましたが、内戦時に銃殺されました。

2-16

Lección 13 (trece)

1 直説法過去完了の活用

haber の直説法線過去 ＋ 過去分詞

haber の直説法線過去

había	habíamos
habías	habíais
había	habían

➩

comer の直説法過去完了

había comido	habíamos comido
habías comido	habíais comido
había comido	habían comido

練習：次の動詞を直説法過去完了に活用してみましょう
cantar, desayunar, comer, salir
abrir, decir, escribir, ver, volver

2-17

2 過去完了の用法

・過去のある時点までの継続・経験
Cuando entramos en la universidad, ya habíamos estudiado inglés seis años.
Antes de viajar a España, yo no había estado nunca en el extranjero.

・過去のある時点までの完了・過去のまた過去
Cuando llegué a la estación, el tren ya había salido.
Cuando me visitó mi amigo, yo no había desayunado todavía.

2-18

3 縮小辞

Pedrito ペドロちゃん（← Pedro）　abuelita おばあちゃん（← abuela）
un poquito ちょっぴり（← un poco）

次のものは、もとの名詞と意味が変わってしまいます。意味を辞書で調べましょう。
señorita（← señora）　cigarrillo（← cigarro）　cucharilla（← cuchara）

スペインは「光と影の国」と言われますが、この言葉は特に南部によく当てはまります。

4 関係詞

♪ 2-19

1) **que**

El edificio *que* está al lado de mi casa es una panadería.［先行詞は物．主格］

La cámara *que* compré el año pasado está ya rota.［先行詞は物．直接目的格］

El profesor *que* nos enseña español es de Colombia.［先行詞は人．主格］

La chica *que* conocí en la fiesta era muy guapa.［先行詞は人．直接目的格］

2) **quien, quienes** ... 先行詞は人に限ります。

a) 前置詞とともに　La chica *a quien* conocí en la fiesta era muy guapa.

Los compañeros *con quienes* trabajo son todos muy trabajadores.

b) 独立用法　*Quien* no trabaja no come.

Quien no ha visto Sevilla no ha visto maravilla.

3) **定冠詞つき関係代名詞　el que, la que, los que, las que**

a) 前置詞とともに　La chica *a la que conocí* en la fiesta era muy guapa.

El señor *con el que* está hablando Alicia es su padre.

b) 独立用法　*Los que* trabajan aquí son muy simpáticos.

中性の定冠詞つき関係代名詞　lo que

a) 独立用法「…すること / もの」

¿Qué es *lo que* quiere Ud. hacer?（= ¿Qué quiere Ud. hacer?）

Lo que me dijo me sorprendió mucho.

b) 前の節の内容全体を先行詞とする

Anoche me acosté muy tarde, *por lo que* ahora tengo mucho sueño.

4) **場所の関係副詞　donde**

Esta es la universidad *donde* estudié. (= Esta es la universidad en la que estudié.)

Voy al pueblo *donde* vivía antes. (= Voy al pueblo en el que vivía antes.)

南部の **Andalucía** 地方の夏の暑さは厳しく、40度を超えることが珍しくありません。

♪ 2-20

ミニ講読（Minilectura）

本文（Texto）

Hay dos refranes españoles, muy parecidos entre sí:《Quien no ha visto Granada no ha visto nada》y《Quien no ha visto Sevilla no ha visto maravilla》. Estos refranes alaban la belleza de las dos ciudades andaluzas, donde el dominio islámico dejó varios monumentos históricos muy originales. La Alhambra de Granada y el Alcázar de Sevilla son dos lugares que siempre atraen a muchos turistas. El recinto del Alcázar de Sevilla es utilizado como lugar de alojamiento de los miembros de la Casa Real y jefes de estado que visitan la ciudad.

Notas

parecidos entre sí 互いに似ている　**dominio**㊚ **islámico** イスラム支配　**la Alhambra** ㊛ アルハンブラ宮殿　**el Alcázar**㊚ 王宮　**la Casa**㊛ **Real** 王家　**jefe**㊚ **de estado** 国家元首

♪ 2-21

会話（Conversación）

あこがれのアルハンブラ宮殿

① ***Teresa:*** Carlo, he oído que fuiste a Granada y a Sevilla durante las vacaciones de verano.

② ***Carlo:*** Sí, porque me habías hablado de los dos refranes de Granada y de Sevilla, y desde entonces siempre había pensado que tenía que ir allí. ¡Y valió la pena!

③ ***Teresa:*** Te gustó la Alhambra, ¿verdad?

④ ***Carlo:*** Sí, es algo que no se puede ver en Italia, porque es totalmente islámico.

⑤ ***Teresa:*** ¿Sabes qué quiere decir《Alhambra》?

⑥ ***Carlo:*** Es una palabra árabe que quiere decir《La Roja》.

⑦ ***Teresa:*** Exactamente. Originariamente era una fortaleza roja, pero después se convirtió en un palacio.

⑧ ***Emi:*** ¡Ay, yo también quiero ir allí!

⑨ ***Carlo:*** Sí, hay muchos lugares que tienes que conocer.

Notas

② **valer la pena** 価値がある　⑦ **fortaleza**㊛ 要塞　⑦ **convertirse en ~** ～になる，変わる

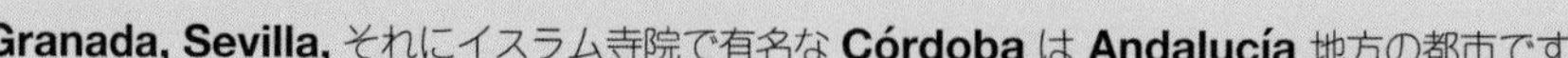

1. 関係代名詞に気をつけて、日本語に訳しましょう。

1) Los libros que están en la estantería son todos míos.

2) Mañana va a jugar el equipo que me gusta mucho.

3) Anoche me llamó mi amigo que vive en Nagoya.

4) Los que quieren hablar español tienen que estudiar mucho.

5) Eso es lo que yo iba a decirte.

2. 現在完了の復習です。現在完了形を使ってスペイン語に訳しましょう。

1) 列車はすでに出発してしまった。(salir)

2) すでに授業は始まっている。(clase, empezar)

3) 私は中国へ行ったことがない。(estar en China)

4) 私たちは何も食べていない。(comer, nada)

3. 上の 2. を参考にして、過去完了形を使ってスペイン語に訳しましょう。

1) 私が駅に着いたとき、列車はすでに出発した後だった。(llegar, estación)

2) 私が教室に入ったとき、すでに授業は始まっていた。(entrar, aula)

3) その時まで私は中国へ行ったことがなかった。(hasta entonces)

4) その時まで私たちは何も食べていなかった。

スペイン北部は南部とは対照的に湿潤で、夏も過ごしやすい気候です。

Lección 14 (catorce)

1 直説法未来・過去未来の規則活用

hablar の直説法未来

hablaré	hablaremos
hablarás	hablaréis
hablará	hablarán

hablar の直説法過去未来

hablaría	hablaríamos
hablarías	hablaríais
hablaría	hablarían

2 直説法未来・過去未来の不規則活用

① e 脱落型	② e, i → d 型	③ 特殊型（2 語のみ）
saber → sabr-	poner → pondr-	decir → dir-
poder → podr-	tener → tendr-	hacer → har-
querer → querr-	venir → vendr-	
haber → habr-	salir → saldr-	

venir の直説法未来

vendré	vendremos
vendrás	vendréis
vendrá	vendrán

decir の直説法過去未来

diría	diríamos
dirías	diríais
diría	dirían

練習： 次の動詞を直説法未来と過去未来に活用してみましょう

cantar, viajar, comer, escribir

poder, poner, tener, hacer

Semana Santa（聖週間）は復活祭前の1週間。多くのスペイン人が旅行にでかけます。

3 未来の用法

2-24

・未来のできごと・状態

El sábado iré al cine. (= El sábado voy a ir al cine.)

La semana que viene terminarán el trabajo.

(= La semana que viene van a terminar este trabajo.)

・現在のできごと・状態の推量

Hoy es domingo, por eso ellos estarán en casa.

Ya no habrá entradas del partido.

4 過去未来の用法

・過去から見た未来

El profesor me dijo que vendría a las tres.

(← El profesor me dijo: “Vendré [Iré] a las tres.”)

Nos preguntaron si visitaríamos la Catedral.

(← Nos preguntaron: “¿Visitaréis la Catedral?”)

・過去のできごと・状態の推量

Cuando lo vi por primera vez, él tendría menos de quince años.

・丁寧・婉曲

Querría [Desearía / Me gustaría] hacerle una pregunta.

Querríamos [Desearíamos / Nos gustaría] quedarnos una noche más.

5 -mente 副詞

形容詞の女性単数形のあとに -mente をつけて副詞を作ります。

Gabriel habla claramente. [← claro]

Los niños están jugando alegremente. [← alegre]

Raquel tradujo la carta fácilmente. [← fácil]

Gabriel habla lenta y claramente. (× lentamente y claramente)

もとの形容詞のアクセントと -mente の -men- の２ヵ所にアクセントがあります。

clara**men**te, ale**gre****men**te, **fá**cil**men**te

復活祭は「春分の日の後の最初の満月の次の日曜日」で、3月末か4月前半になります。

♪ 2-27

ミニ講読（Minilectura）　　本文（Texto）

Durante la Semana Santa del año que viene viajaré a Francia y a Italia con unas amigas mías. Como habrá muchos turistas en esa temporada, haremos de antemano las reservas del alojamiento por internet. También compraremos el eurail pass, porque viajaremos mucho en tren. Gracias al Acuerdo de Schengen, para ir a los países que pensamos visitar, no hay control de pasaportes. Tampoco hace falta cambiar las monedas. Será un viaje muy divertido. Me hace mucha ilusión.

Notas

la Semana(女)**Santa**　聖週間（復活祭前の1週間の休み）　　**eurail pass**(男)　ユーレイル・パス
el Acuerdo(男)**de Schengen**　シェンゲン協定　　**control**(男)**de pasaportes**　パスポート審査
hace falta + 不定詞　〜する必要がある　　**me hace mucha ilusión**　私はとても楽しみだ

♪ 2-28

会話（Conversación）　イタリア語で「こんにちは」は？

① ***Carlo:*** ¿Vendrás a Italia? ¡Magnífico! Puedes preguntarme cualquier cosa sobre Italia.

② ***Teresa:*** Gracias, pero hasta la Semana Santa todavía queda mucho tiempo.

③ ***Carlo:*** Y ¿viajarás con Teresa, Emi?

④ ***Emi:*** Me gustaría, pero no puedo. En abril del año que viene tendré que volver a Japón.

⑤ ***Carlo:*** ¡Qué pena! Teresa, ¿hablas italiano?

⑥ ***Teresa:*** No, ¿me enseñas algo?

⑦ ***Carlo:*** Con mucho gusto. Por ejemplo, 《buenos días》 se dice en italiano 《buongiorno》.

⑧ ***Emi:*** Y en francés se dice 《bonjour》. Se parecen mucho, ¿no?

⑨ ***Teresa:*** Claro, las tres lenguas son lenguas románicas y tienen un origen común, que es el latín.

Notas

① **cualquier cosa** どんなことでも　　② **todavía queda mucho tiempo** まだ時間がたくさんある
⑧ **parecerse** 似ている　　⑨ **lenguas**(女複) **románicas** ロマンス系言語

シェンゲン協定の加盟国はヨーロッパの26ヶ国。加盟国間では出入国審査がありません。

練習（Ejercicios）

1. [　　] 内の動詞を未来形にして（　　）内に書き入れましょう。

1) Nosotros (　　　　　　　　) con el jefe. [hablar]

2) Esta chica pronto (　　　　　　　　) famosa. [ser]

3) Ese señor (　　　　　　　　) mucho dinero. [tener]

4) Mañana lo (　　　　　　　　) todos. [saber] (todos「すべての人々」が主語)

5) ¿(　　　　　　　　) alguien esta noche? [venir]

6) Yo les (　　　　　　　　) la verdad a Uds. [decir]

2. 未来形を用いてスペイン語に訳しましょう。

1) 明日は天気が良いだろう。

2) 彼女は今忙しいだろう。

3) スーパーマーケットはまだ開いているでしょうかね。(supermercado)

4) 君たちはその仕事を終わらせることができるだろう。(terminar el trabajo)

3. [　　] 内の動詞を、（　　）には未来形、〈　　〉には過去未来形にして入れましょう。

1) Creo que Paco y Carmen (　　　　　　　　). [casarse]

2) Creía que Paco y Carmen <　　　　　　　　>. [casarse]

3) Pienso que tú ya no (　　　　　　　　) aquí. [venir]

4) Pensé que tú ya no <　　　　　　　　> aquí. [venir]

5) Tú <　　　　　　　　> hablar con el médico. [deber]

6) ¿<　　　　　　　　> Ud. decirme qué hora es? [poder]

Lección 15 (quince)

1 直説法未来完了の活用

haber の直説法未来 ＋ 過去分詞

haber の直説法未来

habré	habremos
habrás	habréis
habrá	habrán

⇨

comer の直説法未来完了

habré comido	habremos comido
habrás comido	habréis comido
habrá comido	habrán comido

2 直説法未来完了の用法

・未来のある時点までの完了

En el mes de octubre ella habrá cumplido veinte años.

Habré escrito el trabajo para mañana.

・現在完了の推量

Mis padres ya habrán llegado a México.

Son las siete. Ya habrá empezado el partido.

3 直説法過去未来完了の活用

haber の直説法過去未来 ＋ 過去分詞

haber の直説法過去未来

habría	habríamos
habrías	habríais
habría	habrían

⇨

comer の直説法過去未来完了

habría comido	habríamos comido
habrías comido	habríais comido
habría comido	habrían comido

4 直説法過去未来完了の用法

・過去から見た未来完了

Mi marido me dijo que habría vuelto a casa antes de la hora de cenar.

(← Mi marido me dijo: “Habré vuelto a casa antes de la hora de cenar.”)

Creíamos que habríamos terminado el trabajo para hoy.

(← Creíamos: “Habremos terminado el trabajo para ese día.”)

・過去完了の推量

A las cinco de la madrugada ya habrían salido de casa.

(← A las cinco de la madrugada ya habían salido de casa.)

ヒスパニック（スペイン語で **hispanos**）とは合衆国に住む中南米系移民とその子孫です。

5 直説法の時制一覧　comer の 1 人称単数形を例に

<table>
<tr><th colspan="2">非過去群</th><th></th><th colspan="2">過去群</th></tr>
<tr><th>単純時制</th><th>完了系時制</th><th></th><th>単純時制</th><th>完了系時制</th></tr>
<tr><td rowspan="2">現在
como</td><td rowspan="2">現在完了
he comido</td><td rowspan="2">確定系</td><td>点過去
comí</td><td></td></tr>
<tr><td>線過去
comía</td><td>過去完了
había comido</td></tr>
<tr><td>未来
comeré</td><td>未来完了
habré comido</td><td>推量系</td><td>過去未来
comería</td><td>過去未来完了
habría comido</td></tr>
</table>

時制の名前に注目。過去群の時制には必ず「過去」、完了系時制には「完了」、推量系の時制には「未来」という言葉がはいっています。

6 時制のシステム

♪ 2-33

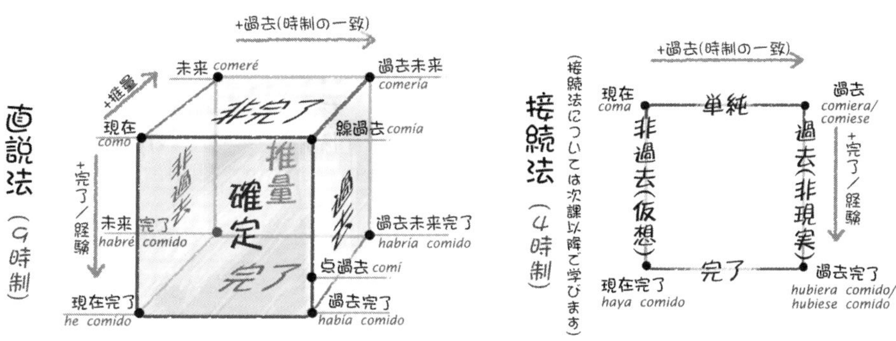

・主節の時制が過去群の場合、従属節も過去群でなければなりません。時制の一致によって従属節の時制が非過去群から過去群に変わるとき、上の図の左から右に動きます。

Me dijo: "Siempre <u>como</u> aquí." → Me dijo que siempre <u>comía</u> aquí.

Me dijo: "<u>Vendré</u> a las cinco." → Me dijo que <u>vendría</u> a las cinco.

Me dijo: "<u>He estado</u> en México." → Me dijo que <u>había estado</u> en México.

・推量「〜だろう」の意味が加わると、時制が上の図（直説法）の手前から奥に動きます。

<u>Están</u> en casa ahora. → <u>Estarán</u> en casa ahora.

Anoche <u>llegó</u> tarde a casa. → Anoche <u>llegaría</u> tarde a casa.

Ya <u>ha terminado</u> el trabajo. → Ya <u>habrá terminado</u> el trabajo.

ヒスパニックの増加に伴い、合衆国ではスペイン語を学ぶ英語母語話者が増えています。

2-34

ミニ講読（Minilectura）

本文（Texto）

Seguramente Uds. habrán oído que en Estados Unidos de América hay mucha gente que habla español. El número de hispanohablantes en Estados Unidos está aumentando rápidamente, y ahora son más de 62 millones, lo que representa un 19% de la población total del país. Hace muchos años leí en un libro que en 2010 los hispanos habrían superado a los inmigrantes africanos en número y se habrían convertido en la minoría más grande del país. Pero, en realidad, esto ocurrió mucho antes, en el año 2000. A pesar de eso, ningún estado establece el español como lengua oficial.

Notas

seguramente きっと，たぶん　**Estados Unidos**(男複) **de América** アメリカ合衆国
hispanohablantes(男複) スペイン語話者　**representar** ～に相当する　**hispanos**(男複) ヒスパニック系住民　**inmigrantes**(男複) **africano** アフリカ系移民

2-35

会話（Conversación）

ゆうべはどこにいたの？

① ***Teresa:*** Anoche te llamé varias veces, pero no estabas. ¿Te habías ido a algún lugar?

② ***Emi:*** Ah, anoche fui al cine a ver la nueva película de Almodóvar. ¿Qué querías decirme?

③ ***Teresa:*** Nada, es que estábamos todos en el bar de José, y queríamos charlar contigo. La última vez que te llamé eran las once, porque creía que ya habrías vuelto a casa, pero no contestaste.

④ ***Emi:*** A las once me estaba duchando.

⑤ ***Teresa:*** Ya. ¿Sabes? Pedro nos contó un chiste muy gracioso.

⑥ ***Emi:*** ¿Qué chiste?

⑦ ***Teresa:*** Puedes preguntárselo directamente a Pedro. Dijo que hoy comería en el comedor de alumnos, y a estas horas creo que ya habrá llegado al comedor.

Notas

③ **la última vez que ~** 最後に～したとき　⑤ **Ya.** あ、そうなの。

 **Pedro Almodóvar** と **Alejandro Amenábar** はスペインを代表する映画監督です。 

練習（Ejercicios）

1. 適切な動詞を指定された時制に活用させて（　　）内に入れ、スペイン語訳を完成させましょう。

1) アントニオはもうその手紙を書いてしまいました。（現在完了）
Antonio (　　　　　　　　　　　) la carta ya.

2) アントニオは明日までにその手紙を書いてしまっているでしょう。（未来完了）
Antonio (　　　　　　　　　　　) la carta para mañana.

3) アントニオは「明日までにその手紙を書いてしまうだろう」と言いました。（未来完了）
Antonio dijo: "(　　　　　　　　　　　) la carta para mañana."

4) アントニオは翌日までにその手紙を書いてしまうだろうと言いました。（過去未来完了）
Antonio dijo que (　　　　　　　　　　　) la carta para el día siguiente.

5) 彼らはもう家に着いた。（現在完了）
Ellos ya (　　　　　　　　　　　) a casa.

6) 彼らはもう家に着いただろう。（未来完了）
Ellos ya (　　　　　　　　　　　) a casa.

7) 私が彼らに電話した時、彼らはもう家に着いていた。（過去完了）
Cuando los llamé, ellos ya (　　　　　　　　　　　) a casa.

8) 私が彼らに電話した時、彼らはもう家に着いていただろう。（過去未来完了）
Cuando los llamé, ellos ya (　　　　　　　　　　　) a casa.

9) フリオは40歳を越えている。（現在）
Julio (　　　　　　　　　　　) más de 40 años.

10) 私がフリオと知り合った時、彼は40歳を越えていた。（線過去）
Cuando conocí a Julio, él (　　　　　　　　　　　) más de 40 años.

11) 私がフリオと知り合った時、彼は40歳を越えていただろう。（過去未来）
Cuando conocí a Julio, él (　　　　　　　　　　　) más de 40 años.

12) エミは昨日一日中家にいた。（点過去）
Ayer Emi (　　　　　　　　　　　) en casa todo el día.

13) エミは昨日一日中家にいただろう。（過去未来）
Ayer Emi (　　　　　　　　　　　) en casa todo el día.

スペイン出身の **Luis Buñuel (1900〜1983)** はシュールな映画を多数作った異才でした。

2-36

Lección 16 (dieciséis)

文法（Gramática）

1 接続法現在の規則活用

hablar

hable	hablemos
hables	habléis
hable	hablen

comer

coma	comamos
comas	comáis
coma	coman

vivir

viva	vivamos
vivas	viváis
viva	vivan

つづりに注意を要する動詞

buscar: busque, busques, ...　　**llegar:** llegue, llegues, ...

dar: dé, des, dé; demos, deis, den

2-37

2 接続法現在の不規則活用（1）：語幹母音変化動詞

・-ar動詞と-er動詞

pensar（直現１単 pienso）

piense	pensemos
pienses	penséis
piense	piensen

他に cerrar, empezar, perder, entender など

poder（直現１単 puedo）

pueda	podamos
puedas	podáis
pueda	puedan

他に contar, mostrar, volver, mover など

・-ir動詞

sentir（直現１単 siento）

sienta	sintamos
sientas	sintáis
sienta	sientan

他に preferir など

pedir（直現１単 pido）

pida	pidamos
pidas	pidáis
pida	pidan

他に servir, repetir など

dormir（直現１単 duermo）

duerma	durmamos
duermas	durmáis
duerma	duerman

他に morir

スペイン第2の都市 **Barcelona** は **Cataluña** 自治州の州都。人口160万の港町です。

3 接続法現在の不規則活用（2）：直説法現在1人称単数形から簡単に作れるもの

tener [直現1単 tengo]: tenga, tengas, tenga; tengamos, tengáis, tengan

decir [直現1単 digo]: diga, digas, ...　　**hacer** [直現1単 hago]: haga, hagas, ...

salir [直現1単 salgo]: salga, salgas, ...　　**venir** [直現1単 vengo]: venga, vengas, ...

conocer [直現1単 conozco]: conozca, conozcas, conozca; conozcamos, conozcáis, conozcan

parecer [直現1単 parezco]: parezca, parezcas, ...

conducir [直現1単 conduzco]: conduzca, ...　　**traducir** [直現1単 traduzco]: traduzca, ...

ver [直現1単 veo]: vea, veas, vea; veamos, veáis, vean

4 接続法現在の不規則活用（3）：その他の不規則

♪ 2-38

ser

sea	seamos
seas	seáis
sea	sean

estar

esté	estemos
estés	estéis
esté	estén

ir

vaya	vayamos
vayas	vayáis
vaya	vayan

saber

sepa	sepamos
sepas	sepáis
sepa	sepan

5 接続法の使い方の代表例2つ

♪ 2-39

inf.：infinitivo（不定詞）　*ind.*：indicativo（直説法）　*subj.*：subjuntivo（接続法）

1) **querer que + *subj.* / querer + *inf.***

Quiero + Visitas España. → Quiero que <u>visites</u> España.

（比較：Quiero visitar España. × Quiero que yo <u>visite</u> España.）

¿Quieres? + Te ayudo. → ¿Quieres que te <u>ayude</u>?

2) **creer que + *ind.* / no creer que + *subj.***

Creo que ella es japonesa. ⇔ No creo que ella <u>sea</u> japonesa.

Creemos que hará buen tiempo mañana.

⇔ No creemos que <u>haga</u> buen tiempo mañana.

（接続法では未来のことも現在形で言います。）

2-40

ミニ講読（Minilectura）

Quiero que más gente en Japón aprenda idiomas extranjeros, no solamente el inglés sino también otros idiomas europeos y asiáticos. Creo que es necesario aprender idiomas para una mejor comprensión entre distintos pueblos. No creo que sea posible comprender una cultura profundamente sin aprender su idioma. Quiero que, a través de una comprensión mutua, se resuelvan los conflictos internacionales. Y quiero que todos los seres humanos podamos vivir felices en un mundo pacífico.

Notas

no solamente ~ sino también ...　～だけでなく…も　　**ser** ㊚ **humano**　人類

2-41

会話（Conversación）　バルセロナに行こう

① ***Emi:*** ¿Sabes? Este fin de semana iré a Barcelona, tu ciudad natal.

② ***Teresa:*** ¿De veras? ¡Qué pena! Yo no puedo ir contigo. ¿A dónde vas a ir?
Quiero que visites la Sagrada Familia. Es fenomenal.

③ ***Emi:*** Claro que la visitaré. ¿Qué otros lugares me recomiendas?

④ ***Teresa:*** Hay un montón de lugares que vale la pena ver. Vas a la Sagrada Familia y, si te gusta Gaudí, podrás ver otras obras suyas. Ah, tienes que ir al Parque Güell.

⑤ ***Emi:*** De acuerdo. Y quiero ir al Museo Picasso, y también al Teatro Museo Dalí.

⑥ ***Teresa:*** No creo que tengas tiempo para ir al Teatro Museo Dalí, porque no está en Barcelona, sino en Figueras. Tienes que volver a Madrid el domingo, ¿verdad? A Figueras iremos juntas en otra ocasión.

Notas

② **de veras** 本当に　② **¡Qué pena!** 残念ねえ！　② **la Sagrada Familia**㊛ 聖家族（サグラダ・ファミリア）教会
② **fenomenal** すばらしい　④ **el Parque**㊚ **Güell** グエル公園　⑤ **el Museo**㊚ **Picasso** ピカソ美術館
⑥ **el Teatro**㊚ **Museo Dalí** ダリ美術館劇場

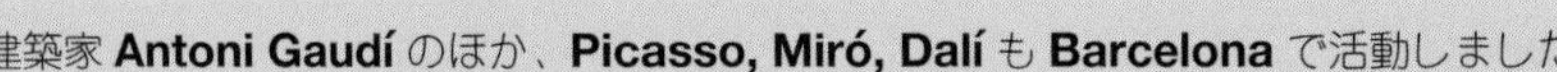
建築家 **Antoni Gaudí** のほか、**Picasso, Miró, Dalí** も **Barcelona** で活動しました。

練習（Ejercicios）

1. 次の動詞を、直説法現在と接続法現在の両方に活用しましょう。

1) llegar	2) beber	3) escribir
4) cerrar	5) volver	6) preferir
7) repetir	8) decir	9) traducir

2. 適切な動詞を正しく活用させるかまたは原形のまま（　　）内に入れ、スペイン語訳を完成させましょう。

1) 私はバルセロナに行きたい。
Quiero (　　　　　　) a Barcelona.

2) 私は君にバルセロナに行って欲しい。
Quiero que (　　　　　　) a Barcelona.

3) 私たちは遅刻したくない。(llegar tarde)
No queremos (　　　　　　) tarde.

4) 私たちは君たちに遅刻して欲しくない。
No queremos que (　　　　　　) tarde.

5) 君はその映画が見たいの？
¿Quieres (　　　　　　) esa película?

6) 君は私にその映画を見て欲しいの？
¿Quieres que yo (　　　　　　) esa película?

7) 私は大勢の人が来るだろうと思う。
Creo que (　　　　　　) mucha gente.

8) 私は大勢の人が来るとは思わない。
No creo que (　　　　　　) mucha gente.

9) 彼らは私たちが満足していると思っている。
Creen que (　　　　　　) contentos.

10) 彼らは私たちが満足しているとは思っていない。
No creen que (　　　　　　) contentos.

ダリ美術館劇場のある **Figueras** へは **Barcelona** から特急 **AVE** で約１時間です。

Lección 17 (diecisiete)

1 肯定命令（1）：tú, vosotros

・tú に対する肯定命令形は、直説法現在 3 人称単数形と同じです。

hablar → habla　　comer → come　　escribir → escribe

例外： decir → di　　hacer → haz　　ir → ve　　poner → pon

salir → sal　　tener → ten　　venir → ven

・vosotros に対する肯定命令形は、不定詞の最後の -r を -d に変えて作ります（例外なし）。

hablar → hablad　　comer → comed　　escribir → escribid

ただし最近では不定詞そのままの形 (hablar, comer, escribir) を使うことも多くなってきました。

♪ 2-43

2 肯定命令（2）：usted, ustedes, nosotros

・usted, ustedes, nosotros に対する肯定命令形には、接続法現在形をそのまま使います（例外なし）。

・nosotros に対する肯定命令形は「…しましょう」という意味を持ちます。

hablar	comer	escribir
hable (Ud.)	coma (Ud.)	escriba (Ud.)
hablen (Uds.)	coman (Uds.)	escriban (Uds.)
hablemos (nosotros)	comamos (nosotros)	escribamos (nosotros)

3 否定命令

否定命令（＝禁止）はすべての人称に対して「no + 接続法現在形」を使います。

hablar	comer	escribir
no hables (tú)	no comas (tú)	no escribas (tú)
no hable (Ud.)	no coma (Ud.)	no escriba (Ud.)
no hablemos (nosotros)	no comamos (nosotros)	no escribamos (nosotros)
no habléis (vosotros)	no comáis (vosotros)	no escribáis (vosotros)
no hablen (Uds.)	no coman (Uds.)	no escriban (Uds.)

スペイン料理の特徴は **ajo**（ニンニク）と **aceite de oliva**（オリーブ油）の味と言えます。

4 命令形と目的格人称代名詞

♪ 2-45

・**肯定命令の場合** … 目的格人称代名詞（再帰代名詞を含む）は肯定命令形のあとにつけて 1 語のように書きます。アクセントの位置を変えないためにアクセント記号が必要になることが多いです。

Lee (tú) + este libro. → Lee + lo. → Léelo.

Da (tú) + a tu padre + esas llaves. → Da + le + las. → Dáselas.

Levante (usted) + se. → Levántese.

Lava (tú) + te + las manos. → Lava + te + las. → Lávatelas.

注意：再帰代名詞の nosotros, vosotros に対する肯定命令形

Levantemos + nos. → Levantémonos. / Levantad + os. → Levantaos.

・**否定命令の場合** … 目的格人称代名詞（再帰代名詞を含む）は no と動詞の間に入れます。

No leas + este libro. → No lo leas.

No des + a tu padre + esas llaves. → No + le + las + des. → No se las des.

No se levante.

No te laves + las manos. → No te las laves.

5 命令形のまとめ：sentarse「すわる」の全命令形

（上段が命令の相手、中段が肯定命令形、下段が否定命令形）

tú	vosotros	usted	ustedes	nosotros
siéntate no te sientes	sentaos no os sentéis	siéntese no se siente	siéntense no se sienten	sentémonos no nos sentemos

6 目的格人称代名詞（再帰代名詞を含む）の位置のまとめ

♪ 2-46

① 動詞の活用形（肯定命令形を除く）の直前に置く

または

② 不定詞・現在分詞・肯定命令形のあとにつける

Compro este móvil. → ① Lo compro.（× Cómprolo.）

Tome esta medicina. → ② Tómela.（× La tome.）

No tome esta medicina. → ① No la tome.（× No tómela.）

Quiero comprar este móvil. → ① Lo quiero comprar. / ② Quiero comprarlo.

Voy a enviar un regalo a mi amiga. → ① Se lo voy a enviar. / ② Voy a enviársela.

① Se está lavando las manos. / ② Está lavándose las manos.

→ ① Se las está lavando. / ② Está lavándoselas.

Tomate（トマト）もよく使われますが、これはもともと中南米からはいってきたものです。 

♪ 2-47

ミニ講読（Minilectura）

本文（Texto）

Sopa de ajo para 4 personas: Pique 4 dientes de ajo y fríalo en una sartén con un poco de aceite de oliva. Corte un cuarto de pan en rebanadas finas y añádalo y siga friendo hasta que el ajo y el pan estén dorados. Añada una cebolla picada, una cucharadita de pimentón en polvo y 40 gramos de jamón cortado en tacos en este orden, siempre removiendo todo. Añada un litro y medio de caldo de pollo, dejando cocer todo unos 5 minutos. Puede añadir un poco de sal y pimienta, si le parece necesario. Al final casque 4 huevos y vuelva a calentar hasta que se cuaje la clara.

Notas

diente㊚ **de ajo** ニンニクの一片　**fría** < **freír**　**rebanada**㊛ **fina** 薄く切った一切れ　**hasta que +** 接続法 ～するまで　**tacos**(男複) さいの目に切ったもの　**en este orden** この順番で　**remover** かき混ぜる　**caldo**㊚ **de pollo** チキンブイヨン　**dejar cocer** 煮立たせる

♪ 2-48

会話（Conversación）

3歳のパブロちゃん

① ***Teresa:*** Hola, Emi.

② ***Emi:*** Hola, Teresa. ¡Qué niño tan guapo! ¿Es tu hijo?

③ ***Teresa:*** ¡Qué va! Es mi sobrino. Se llama Pablito. Pablito, saluda a Emi.

④ ***Pablito:*** Hola.

⑤ ***Emi:*** ¡Hola, Pablito! ¿Cuántos años tienes?

⑥ ***Pablito:*** Tres.

⑦ ***Emi:*** ¿Tres años? Tienes un osito muy bonito. ¿Me lo enseñas?

⑧ ***Teresa:*** Pablito, enséñaselo... Pero ¿qué pasa?

⑨ ***Pablito:*** ¡Vienen unos perros! ¡Tengo miedo!

⑩ ***Teresa:*** ¡Pablito, no corras, que te caes!

Notas

⑦ **osito** ㊚ くまちゃん (<oso)

Sopa de ajo は体が温まり栄養も取れる一品。パンは昨日の残りを使ったりします。

練習（Ejercicios）

1. 1), 2) の tú, usted, vosotros, ustedes に対する肯定命令形、3), 4) の tú, usted, vosotros, ustedes に対する否定命令形を作りましょう。
   1) tener cuidado（気をつける）
   2) levantarse（起きる）
   3) comer demasiado（食べ過ぎる）
   4) preocuparse（心配する）

2. 例にならって、次の肯定命令文の下線部を直接目的格代名詞にして言い換え、さらにその文を否定命令に変えましょう。

   例　Lea <u>el periódico</u>. → Léalo. → No lo lea.

   1) Coman <u>esta paella</u>. →
   2) Pruébate <u>estos zapatos</u>. (probarse 試着する) →
   3) Regaladle <u>estas flores</u>. →

3. 1)〜3) は肯定命令形、4), 5) は否定命令形を使ってスペイン語に訳しましょう。
   1) もっとゆっくり話してください。[usted に対して] (más despacio)
   2) こっちに来なさい。[tú に対して]
   3) どうぞ、おすわりください。[ustedes に対して] (sentarse, por favor)
   4) そんなに飲んではいけません。[usted に対して] (beber tanto)
   5) 他人の悪口を言ってはいけません。[vosotros に対して] (hablar mal de otros)

スペインのスープとしては他に **gazpacho** が有名。こちらは夏向きの冷製スープです。

Lección 18 (dieciocho)

1 接続法過去の活用

-ra形と -se形の 2 種類がありますが、原則としてどちらも同じように使えます。

直説法点過去 3 人称複数形の最後の -ron を取り去り、かわりに次の語尾をつけます（例外なし）。

-ra形:　-ra, -ras, -ra; -ramos, -rais, -ran

-se形:　-se, -ses, -se; -semos, -seis, -sen

-ramos, -semos の直前の母音にはアクセント記号をつけます。

comer（直点過 3 複 comieron）

comiera / comiese	comiéramos / comiésemos
comieras / comieses	comierais / comieseis
comiera / comiese	comieran / comiesen

練習：次の動詞を接続法過去 -ra形と -se形に活用してみましょう。

hablar（直点過 3 複 hablaron）　　hacer（直点過 3 複 hicieron）

decir（直点過 3 複 dijeron）　　ir / ser（直点過 3 複 fueron）

2 時制の一致

直説法の現在と未来（非過去群）は接続法の**現在**に対応します。

直説法の点過去・線過去・過去未来（過去群）は接続法の**過去**に対応します。

★下線のついた動詞の法と時制に注意し、なぜその法・時制になっているか考えましょう。

Quiero que vayas a América Latina.　　Quería que fueras a América Latina.

¿Qué quieres que haga (yo)?　　¿Qué querías que hiciese (yo)?

No queremos que lleguéis tarde.　　No queríamos que llegarais tarde.

Creo que hará buen tiempo mañana.　　Creía que haría buen tiempo al día siguiente.

No creo que mañana haga buen tiempo.　　No creía que hiciese buen tiempo al día siguiente.

Creemos que este móvil es práctico.　　Creíamos que este móvil era práctico.

No creemos que este móvil sea práctico.　　No creíamos que este móvil fuera práctico.

3 複文について

節とは？ 動詞の人称形を１つだけ含んでいて、意味のまとまりを持つ語連続。

（動詞の人称形とは？ 法・時制・人称が決まっている動詞の形。不定詞［例. comer］や分詞［例. comiendo, comido］は人称形ではありません。）

単文： １つだけの節から成る文。 **例：** Como paella.

重文： ２つ（以上）の独立した節から成る文。 **例：** Yo como paella, pero ella no la come.

複文： １つの主節と１つ（以上）の従属節から成る文。

例： La televisión dice（主節） que mañana hará buen tiempo（従属節）

従属節は、文全体の中でひとつの名詞・形容詞・副詞などのような働き（上の例文では名詞の働き「明日は天気が良いだろうということ」）をします。

接続法は原則として複文の従属節の中で使われます。

4 接続法の用法（１）：名詞節内

♪ 2-51

名詞節とは？ 文全体の中で名詞の働きをする従属節。

主節が次の a) ～ d) の意味を持つとき、名詞節の中の動詞は接続法になります。

☆例文中、接続法の語形には青の下線が引いてあります。

a) 意志（願望・命令・許可・禁止など）

Espero que no haga frío.

La profesora nos mandó que no habláramos japonés.

Los padres le prohíben a su hija que salga por la noche.

decir に注意： El médico me dice que no fume.（比較：El médico me dice que no fuma.）

b) 否定・疑惑

No creo [No pienso] que lo sepan ellos.

Dudo que sea verdad lo que dice él.

Felipe niega que quiera ser abogado.

c) 感情

Siento que te moleste.

Temo que Susana se pierda.

Me alegro de que Uds. estén bien.

Es una lástima que haya tanta pobreza.

d) 可能性

Puede que llueva mañana.

No puede ser que Takeshi sepa bailar tango.

Es posible que suba el precio de las verduras.

Es imposible que ganemos el partido.

La fachada del Nacimiento（生誕のファサード）は日本人彫刻家外尾悦郎氏らの作品です。

♪ 2-52

ミニ講読（Minilectura）

本文（Texto）

Uno de los problemas actuales más serios es el del calentamiento global. Lamento que las actividades humanas hayan causado malos efectos a la naturaleza y al ecosistema global. Espero que los científicos desarrollen medidas eficaces para retardar el proceso de calentamiento. También es necesario que todos seamos conscientes de los problemas existentes y que tratemos de gastar menos energía.

Notas

actual 現代の　**calentamiento**㊚ **global** 地球温暖化　**hayan causado** causar の接続法現在完了形（→第 19 課）　**causar efectos** 影響を及ぼす　**ecosistema**㊚ 生態系　**retardar el proceso** 進行を遅らせる　**ser consciente de ~** ～を意識している　**tratar de +** ***inf.*** ～しようと努める

♪ 2-53

会話（Conversación）

聖家族（サグラダ・ファミリア）教会

① ***José:*** ¿Qué tal en Barcelona? ¿Te gustó?

② ***Emi:*** Mucho. Pero no creía que hubiera tanta cola a la entrada de la Sagrada Familia.

③ ***José:*** Ah, allí siempre hay muchísimos turistas.

④ ***Emi:*** Sí. Menos mal que Teresa me había aconsejado que llegara allí antes de las nueve de la mañana. Pero para subir al ascensor tuve que esperar mucho otra vez. Esperaba que se pudiera subir más fácilmente. ¡Pero la vista desde arriba de la torre fue fantástica! Tú has estado allí, ¿verdad?

⑤ ***José:*** Sí, fui hace ya más de diez años. Antes decían que tardarían más de 100 años en terminar la obra. Pero ahora parece que está acelerando.

⑥ ***Emi:*** Quizás podamos verla terminada. ¡Qué ilusión!

Notas

③ **muchísimo** とても多くの　④ **menos mal que +** ***ind.*** ～でまだ良かった　④ **otra vez** もう 1 回　④ **vista desde arriba** 上からのながめ　⑥ **¡Qué ilusión!** 楽しみだなあ！

 現在は **Gaudí** の没後100年にあたる2026年を完成の目標にしていますが、さて…？ 

練習（Ejercicios）

1. 次の動詞を、直説法点過去、接続法過去 -ra形、接続法過去 -se形に活用しましょう。

1) venir	2) hacer	3) enseñar
4) dar	5) ir	6) estar

2. 1. で練習した動詞の接続法現在形または接続法過去形を(　　)内に入れてスペイン語訳を完成させましょう。

1) 私はフリアンが来るとは思わない。
No creo que (　　　　　　　　　　) Julián.

2) 私はフリアンが来るとは思っていなかった。
No creía que (　　　　　　　　　　) Julián.

3) 医者は私に運動するように言う。(hacer ejercicios)
El médico me dice que (　　　　　　　　　　) ejercicios.

4) 医者は私に運動するように言った。
El médico me dijo que (　　　　　　　　　　) ejercicios.

5) 私は君にスペイン語を教えてもらいたい。
Quiero que me (　　　　　　　　　　) español.

6) 私は君にスペイン語を教えてもらいたかった。
Quería que me (　　　　　　　　　　) español.

7) マリアは両親にお金をくれるように頼む。
María les pide a sus padres que le (　　　　　　　　　　) dinero.

8) マリアは両親にお金をくれるように頼んだ。
María les pidió a sus padres que le (　　　　　　　　　　) dinero.

9) フェリーペは私に歯医者に行くよう勧めている。
Felipe me recomienda que (　　　　　　　　　　) al dentista.

10) フェリーペは私に歯医者に行くよう勧めた。
Felipe me recomendó que (　　　　　　　　　　) al dentista.

11) 彼らは私たちが皆元気なことを喜んでいる。
Se alegran de que todos (　　　　　　　　　　) bien.

12) 彼らは私たちが皆元気なことを喜んだ。
Se alegraron de que todos (　　　　　　　　　　) bien.

Gaudí のその他の作品であるカサ・ミラ、カサ・バトリョなども **Barcelona** にあります。

2-54

Lección 19 (diecinueve) ── 文法（Gramática）

☆例文中、接続法の語形には青の下線が引いてあります。

1 接続法現在完了の活用

haber の接続法現在形 ＋ 過去分詞

haber の接続法現在

haya	hayamos
hayas	hayáis
haya	hayan

➪

comer の接続法現在完了

haya comido	hayamos comido
hayas comido	hayáis comido
haya comido	hayan comido

Siento que te haya molestado.
Me alegro de que Ud. se haya recuperado.

2-55

2 接続法過去完了の活用

haber の接続法過去形 ＋ 過去分詞

haber の接続法過去
（上段 -ra形，下段 -se形）

hubiera hubiese	hubiéramos hubiésemos
hubieras hubieses	hubierais hubieseis
hubiera hubiese	hubieran hubiesen

➪

comer の接続法過去完了
（上段 -ra形，下段 -se形）

hubiera comido hubiese comido	hubiéramos comido hubiésemos comido
hubieras comido hubieses comido	hubierais comido hubieseis comido
hubiera comido hubiese comido	hubieran comido hubiesen comido

Él negó que hubiera visto al ladrón.
Era una lástima que ya hubiese terminado la exposición.
接続法の時制は**現在、現在完了、過去、過去完了**の 4 つだけです。

スペイン人がアメリカ大陸に行くまで、トマトはアメリカ大陸にしかありませんでした。

文法（Gramática）

☆例文中、接続法の語形には青の下線が引いてあります。

3 接続法の用法（2）：単文内

♪ 2-56

例外的に単文内で接続法を使うのは、次のような場合です。

1) **命令**（tú, vosotros に対する肯定命令を除く → p.66）

2) **願望文**　Que + *subj*., Ojalá (que) + *subj*.

　a) 実現可能性がある場合 … 接続法現在または現在完了

　　Que te mejores pronto.　/　Que aproveche.　— Gracias.

　　¡Ojalá que a mi hijo le haya salido bien el examen!

　b) 実現可能性がない（ほとんどない）場合 … 接続法過去または過去完了

　　¡Ojalá que tuviera 100 millones de yenes!

　　¡Ojalá que nos hubiésemos conocido cuando éramos jóvenes!

3) **「たぶん・おそらく」**　quizá / quizás / tal vez / posiblemente + *ind*. / *subj*.

　Quizá no lo saben.　　Quizá no lo sepan.

　Posiblemente ha pasado el examen.　　Posiblemente haya pasado el examen.

4) **接続法過去 -ra形の丁寧・婉曲用法**（直説法過去未来の丁寧・婉曲用法 p.55 参照）

　Quisiera hacerle una pregunta.

　Quisiéramos quedarnos una noche más.

4 接続法の用法（3）：形容詞節（関係節）内

関係詞の先行詞が（話し手にとって）不特定な人や物の場合、または否定されている場合、関係詞節の中の動詞が接続法になります。

¿Conoces a alguien que hable francés?（alguien は不特定）

Sí, conozco a una chica que habla muy bien francés.（una chica は話し手にとって特定）

No, no conozco a nadie que hable francés.（nadie は否定されている）

No hay nadie que me quiera.（nadie は否定されている）

Conozco a alguien que te quiere.（alguien は話し手にとって特定）

En esa tienda no había nada que me gustara.（nada は否定されている）

同様にトウガラシ、ジャガイモ、トウモロコシなどもヨーロッパ人は知りませんでした。 

2-58

ミニ講読（Minilectura） 本文（Texto）

Buscamos una chica que quiera compartir el piso con nosotras para el próximo curso. Somos dos chicas de 21 años y estudiamos educación infantil. El piso está amueblado, totalmente equipado y muy económico, y se encuentra muy cerca del metro Lavapiés. Deseamos vivir con una estudiante que sea cooperativa, que sepa cocinar y que no fume. Preferentemente que le gusten los niños. Si estás interesada, llama a Susana: 673162969.

Notas

compartir el piso アパートの一区画を共用する　**curso**㊚ 学年　**totalmente equipado** 諸設備完備の
encontrarse （～の場所に）ある

2-59

会話（Conversación） テレサの夢の家

① ***Teresa:*** Emi, ¿en qué tipo de casa te gustaría vivir? Yo quiero vivir en una casa grande que tenga un jardín.

② ***Emi:*** ¿Qué te pasa, Teresa? ¿Qué has comido?

③ ***Teresa:*** Ayer vi una telenovela mexicana. La casa donde vive la protagonista, ¡es una maravilla! Tiene muchas habitaciones, y un salón enorme... He decidido vivir algún día en una casa que sea grande y que tenga un jardín y una piscina.

④ ***Emi:*** ¡Una piscina! Y ¿quién la limpia? ¿Tú?

⑤ ***Teresa:*** ¡Ay, tendré que encontrar un marido millonario que pueda pagar a muchos empleados de hogar!

⑥ ***Emi:*** Mejor hazte tú millonaria.

Notas

② **¿Qué has comido?** どうかしちゃったの？　③ **telenovela**㊛ テレビドラマ　③ **algún día** いつの日か
⑥ **hazte** < hacerse

メキシコの **tortilla** はトウモロコシの粉を練って薄くのばして焼いたものです。

1. （　　）内に適切な動詞を指定された法・時制に活用して入れ、スペイン語訳を完成させましょう。

1) 彼らはもう家に着いている。（直・現在完了）
Ya (　　　　　　　　　　) a casa.

2) 彼らはもう家に着いているだろう。（直・未来完了）
Ya (　　　　　　　　　　) a casa.

3) 私は彼らが家に着いているとは思わない。（接・現在完了）
No creo que (　　　　　　　　　　) a casa.

4) 私は彼らが家に着いているとは思っていなかった。（接・過去完了）
No creía que (　　　　　　　　　　) a casa.

5) マヌエルはアルゼンチンに行ったことがある。（直・現在完了）
Manuel (　　　　　　　　　　) en Argentina.

6) 私はマヌエルがアルゼンチンに行ったことがあるとは思っていなかった。（接・過去完了）
No creía que Manuel (　　　　　　　　　　) en Argentina.

7) だれもアルゼンチンに行ったことがある人はいなかった。（接・過去完了）
No había nadie que (　　　　　　　　　　) en Argentina.

8) だれか英語を話す人はいますか。（接・現在）
¿Hay alguien que (　　　　　　　　　　) inglés?

9) 私たちはプログラミングのできる助手を必要としている。[saber]（接・現在）
Necesitamos un ayudante que (　　　　　　　　　　) programar.

10) 私たちはプログラミングのできる助手を必要としていた。（接・過去）
Necesitábamos un ayudante que (　　　　　　　　　　) programar.

11) パウラがパーティーに来るといいなあ！（接・現在）
¡Ojalá que (　　　　　　　　　　) Paula a la fiesta!

12) あなたがすぐに良くなりますように。[mejorarse]（接・現在）
Que (　　　　　　　　　　) pronto.

メキシコの **tortilla** は **tacos** の皮に使います。一方スペインの **tortilla** は卵料理です。

2-60

Lección 20 (veinte)

☆例文中、接続法の語形には青の下線が引いてあります。

1 接続法の用法（4）：副詞節内

1) **現実的条件**（非現実的条件は次のページ）

a) si を使う場合　条件節（副詞節）：直説法（未来・未来完了は不可）
帰結節（主節）　：直説法か命令形

Si hace buen tiempo mañana, iremos a la playa.
Si has leído el libro, devuélvemelo.

b) si 以外の接続詞句を使う場合　条件節（副詞節）：接続法現在か現在完了
帰結節（主節）　：直説法か命令形

en caso de que　No pueden entrar en caso de que no tengan la entrada.
a condición de que　Me casaré contigo a condición de que trabajes en serio.
a no ser que　Por la tarde solía dar un paseo a no ser que estuviera cansado.

2) **目的**（必ず接続法）

para que　Pablo trabaja mucho para que su familia pueda comer.
Fui a la oficina para que me dieran el certificado.

3) **否定**（必ず接続法）

sin que　Ella no puede salir de noche sin que se lo permitan sus padres.
Pudimos escapar sin que nadie nos viera.

4) **時**（内容が不確定の場合に接続法）

cuando　Cuando nos vimos la semana pasada, hablamos de ese asunto.
Cuando nos veamos la próxima vez, hablaremos de ese asunto.
tan pronto como　Se marcharon tan pronto como terminaron el trabajo.
Se marcharán tan pronto como terminen el trabajo.
Decían que se marcharían tan pronto como terminasen el trabajo.
hasta que　Vamos a esperar hasta que lleguen todos.
Siempre teníamos que esperar hasta que llegaran todos.
Esperamos hasta que llegaron todos.

5) **譲歩**（内容が不確定の場合に接続法）

aunque　Aunque llueva mañana, jugaremos al fútbol.
Aunque está lloviendo, están jugando al fútbol.

国連の公用語は英語、中国語、フランス語、ロシア語、アラビア語、スペイン語です。

文法（Gramática）

☆例文中、接続法の語形には青の下線が引いてあります。

2 非現実の副詞節（1）：si を用いた非現実的条件文

♪ 2-61

a) 現在の事実に反する仮定（または実現可能性の低い未来の仮定）… 接続法過去形

それに対応する帰結節 … 直説法過去未来形

Si tuviera mucho dinero, viajaría por Europa.

（比較：Si puedo ganar mucho dinero, viajaré a Europa.）

Si estuvieses en mi lugar, ¿qué harías?

b) 過去の事実に反する仮定 … 接続法過去完了形

それに対応する帰結節 … 直説法過去未来完了形

Si hubiera tenido mucho dinero, habría viajado por Europa.

Si los árabes no hubiesen invadido la Península Ibérica, no se habría construido La Alhambra.

c) 上の a) と b) の合体例

Si hubiera aprendido de niño, ahora hablaría español mucho mejor.

3 非現実の副詞節（2）：aunque を用いた非現実的譲歩文

2-62

「たとえ〜だったとしても」という感じ。時制の使い方は上記 2 と同じです。

Aunque yo fuera millonaria, no compraría un bolso tan caro.

（Aunque Alicia es millonaria, no compra cosas caras.）

Ellos se habrían casado aunque se hubiese opuesto todo el mundo.

（Ellos se casaron aunque se oponía todo el mundo.）

4 非現実の副詞節（3）：como si ＋ 接続法過去・過去完了

2-63

「あたかも（まるで）〜ように」という感じ。

Miguel toca la guitarra como si fuese profesional.

Ana estaba pálida como si hubiera visto un fantasma.

♪ 2-64

ミニ講読（Minilectura）

本文（Texto）

Aprender idiomas extranjeros cuesta mucho trabajo. A veces pienso: si todos los pueblos del mundo hablaran un mismo idioma, podríamos comprendernos mucho más fácilmente. Pero, ¿será cierto esto? Todos los japoneses hablamos japonés, pero ¿por eso nos comprendemos todos sin problema? La mutua comprensión con la gente de una cultura completamente distinta seguiría siendo difícil aunque habláramos el mismo idioma. Y además, ¡qué aburrido sería si las canciones de todos los pueblos sonaran igual!

Notas

costar trabajo 大変な・骨の折れることだ　　**pueblo**㊚ 民族　　**cierto** 正しい

2-65

会話（Conversación）　さよならパーティー

① ***José:*** No puedo creer que te vayas a Japón la semana que viene. Te echaré mucho de menos. Y te agradezco que me hayas invitado a esta fiesta.

② ***Emi:*** Yo también os echaré de menos a todos. Pero podremos escribirnos emails.

③ ***Teresa:*** Sí. ¡Ah, si yo supiera hablar japonés, viajaría a Japón!

④ ***Emi:*** No tienes que saber japonés. Ven cuando quieras, y yo te llevaré a donde quieras.

⑤ ***José:*** Bueno, Emi, si no tuviera trabajo mañana por la mañana, me quedaría, pero tengo que irme ya. Que te vaya bien.

⑥ ***Teresa:*** Pues yo no tengo trabajo mañana, pero aunque lo tuviera, me quedaría.

⑦ ***Emi:*** Teresa, ya no bebas.

Notas

① **echar de menos a ~** ～がいないのをさびしく思う　　⑤ **Que te vaya bien.** 元気でね。

 アフリカにもスペイン語を公用語とする国、**Guinea Ecuatorial**（赤道ギニア）があります。 

練習（Ejercicios）

1. （　　）内に［　　］内の動詞の接続法現在形または接続法過去形を入れて、スペイン語訳を完成させましょう。
   1) フアンは私が理解できるようにゆっくりと話してくれた。
      Juan me habló despacio para que yo le (　　　　　　). [entender]
   2) たとえ好きじゃなくても、トマトを食べなければいけないよ。
      Tienes que comer el tomate aunque no te (　　　　　　). [gustar]
   3) 彼が私にあやまるまで、彼とは口をきかないつもりだ。
      No hablaré con él hasta que me (　　　　　　) perdón. [pedir]
   4) 君に読んでもらうために私は君にその本を貸したのだ。
      Te dejé el libro para que lo (　　　　　　). [leer]
   5) 彼がすぐに来ない場合には、私は帰ります。
      En caso de que él no (　　　　　　) pronto, me iré. [venir]
   6) たとえ彼があした来ても、彼にそのことを言わないでおこう。[venir]
      Aunque (　　　　　　) él mañana, no se lo diré.
   7) バルセロナに着いたら、電話してね。[llegar]
      Cuando (　　　　　　) a Barcelona, llámame.
   8) 私は夫が帰ってくる前に部屋を掃除しなければならなかった。[volver]
      Yo tenía que limpiar la habitación antes de que (　　　　　　) mi marido.

2. （　　）内に［　　］内の動詞の適切な活用形を入れて、事実に反する仮定を含む文を完成させましょう。
   1) 私たちにもっと時間があれば、ゆっくり話せるのに。[tener, poder]
      Si (　　　　　　) más tiempo, (　　　　　　) hablar tranquilamente.
   2) 前もって知らせてくれていたら、空港まで君を迎えに行ったのに。[avisar, ir]
      Si me (　　　　　　) antes, (　　　　　　) a buscarte al aeropuerto.
   3) たとえ彼らに招待されるとしても、私は行かないだろう。[invitar, ir]
      Aunque me (　　　　　　), no (　　　　　　).
   4) たとえ彼らに招待されたとしても、私は行かなかっただろう。[invitar, ir]
      Aunque me (　　　　　　), no (　　　　　　).

付録 Apéndice

重要語彙

1. 基本数詞

0	cero	21	veintiuno, -na	200	doscientos, -as
1	uno, una	22	veintidós	300	trescientos, -as
2	dos	23	veintitrés	400	cuatrocientos, -as
3	tres	24	veinticuatro	500	quinientos, -as
4	cuatro	25	veinticinco	600	seiscientos, -as
5	cinco	26	veintiséis	700	setecientos, -as
6	seis	27	veintisiete	800	ochocientos, -as
7	siete	28	veintiocho	900	novecientos, -as
8	ocho	29	veintinueve	1000	mil
9	nueve	30	treinta	2000	dos mil
10	diez	31	treinta y uno, -na	5000	cinco mil
11	once	40	cuarenta	10 000	diez mil
12	doce	50	cincuenta	20 000	veinte mil
13	trece	60	sesenta	100 000	cien mil
14	catorce	70	setenta	1 000 000	un millón
15	quince	80	ochenta	2 000 000	dos millones
16	dieciséis	90	noventa	10 000 000	diez millones
17	diecisiete	100	cien	100 000 000	cien millones
18	dieciocho	101	ciento uno, -na	1 000 000 000	mil millones
19	diecinueve	115	ciento quince		
20	veinte	146	ciento cuarenta y seis		

2. 四季

春	la primavera	夏	el verano	秋	el otoño	冬	el invierno

3. 国、首都、国名形容詞

	国名	首都	国名形容詞
日本	Japón	Tokio	japonés, japonesa
スペイン	España	Madrid	español, española
メキシコ	México (Méjico)	Ciudad de México	mexicano, mexicana
キューバ	Cuba	La Habana	cubano, cubana
パナマ	Panamá	Panamá	panameño, panameña
コロンビア	Colombia	Bogotá	colombiano, colombiana
ベネズエラ	Venezuela	Caracas	venezolano, venezolana
ペルー	Perú	Lima	peruano, peruana
チリ	Chile	Santiago	chileno, chilena
アルゼンチン	Argentina	Buenos Aires	argentino, argentina
ブラジル	Brasil	Brasilia	brasileño, brasileña
中国	China	Pekín	chino, china
アメリカ	Estados Unidos	Washington	estadounidense
ロシア	Rusia	Moscú	ruso, rusa
イギリス	Inglaterra	Londres	inglés, inglesa
フランス	Francia	París	francés, francesa
ドイツ	Alemania	Berlín	alemán, alemana
イタリア	Italia	Roma	italiano, italiana
ポルトガル	Portugal	Lisboa	portugués, portuguesa

その他の重要語彙さくいん

順序数詞「1番目の、2番目の…」→ p.38
曜日 → p.38
月の名 → p.39

定冠詞・不定冠詞 → p.7
指示詞「この、その、あの、これ、それ、あれ」→ p.11
所有詞「私の、あなたの、彼の…」→ p.26
人称代名詞「私が、私を、私に、彼が…」→ p.31

前置詞「〜へ、〜の、〜から…」→ p.19
接続詞「そして、または、しかし」→ p.19

疑問詞「何?、だれ?、どこ?…」→ p.39

親族名称「父、母、兄弟…」→ p.26
天候「天気が良い、雨が降る…」→ p.19

不定語・否定語「なにか、なにも…」→ p.39

文法さくいん

動詞の活用

直説法 現在（規則活用） → p.14
直説法 現在（不規則活用） → p.10, 18, 22
直説法 点過去 → p.34, 35
直説法 線過去 → p.42
直説法 現在完了 → p.46
直説法 過去完了 → p.50
直説法 未来 → p.54
直説法 過去未来 → p.54
直説法 未来完了 → p.58
直説法 過去未来完了 → p.58

接続法 現在 → p.62, 63
接続法 過去 → p.70
接続法 現在完了 → p.74
接続法 過去完了 → p.74

命令形 → p.66, 67

現在分詞 → p.43
過去分詞 → p.46

再帰動詞 → p.30

動詞以外の語形変化

名詞の数変化 → p.7
形容詞の性・数変化 → p.11
比較級・最上級 → p.27

主な不規則動詞

太字は不規則な語形。
下線はつづり字上の注意が必要な部分（アクセント記号の有無を含む）。

	現在 1単	点過去 1単	点過去 3単	線過去 1・3単	現在分詞	過去分詞	未来 1単
abrir 開く	abro	abrí	abrió	abría	abriendo	**abierto**	abriré
andar 歩く	ando	**anduve**	**anduvo**	andaba	andando	andado	andaré
buscar さがす	busco	busqué	buscó	buscaba	buscando	buscado	buscaré
dar 与える	**doy**	**di**	**dio**	daba	dando	dado	daré
decir 言う	**digo**	**dije**	**dijo**	decía	**diciendo**	**dicho**	**diré**
dormir 眠る	**duermo**	dormí	**durmió**	dormía	**durmiendo**	dormido	dormiré
escribir 書く	escribo	escribí	escribió	escribía	escribiendo	**escrito**	escribiré
estar ある/いる	**estoy**	**estuve**	**estuvo**	estaba	estando	estado	estaré
haber （助動詞）	**he**	（使わない）	**hubo**	había	habiendo	habido	**habré**

	現在 1単	点過去 1単	点過去 3単	線過去 1・3単	現在分詞	過去分詞	未来 1単
hacer する/作る	**hago**	**hice**	**hizo**	hacía	haciendo	**hecho**	**haré**
ir 行く	**voy**	**fui**	**fue**	**iba**	**yendo**	ido	iré
leer 読む	leo	leí	leyó	leía	leyendo	leído	leeré
llegar 着く	llego	llegué	llegó	llegaba	llegando	llegado	llegaré
oír 聞く	**oigo**	oí	oyó	oía	oyendo	oído	oiré
pedir 頼む	**pido**	pedí	**pidió**	pedía	**pidiendo**	pedido	pediré
poder できる	**puedo**	**pude**	**pudo**	podía	**pudiendo**	podido	**podré**
poner 置く	**pongo**	**puse**	**puso**	ponía	poniendo	**puesto**	**pondré**
querer 欲する	**quiero**	**quise**	**quiso**	quería	queriendo	querido	**querré**
romper こわす	rompo	rompí	rompió	rompía	rompiendo	**roto**	romperé
saber 知る	**sé**	**supe**	**supo**	sabía	sabiendo	sabido	**sabré**
salir 出る	**salgo**	salí	salió	salía	saliendo	salido	**saldré**
sentir 感じる	**siento**	sentí	**sintió**	sentía	**sintiendo**	sentido	sentiré
ser である	**soy**	**fui**	**fue**	**era**	siendo	sido	seré
tener 持つ	**tengo**	**tuve**	**tuvo**	tenía	teniendo	tenido	**tendré**
traer 持っていく	**traigo**	**traje**	**trajo**	traía	trayendo	traído	traeré
venir 来る	**vengo**	**vine**	**vino**	venía	**viniendo**	venido	**vendré**
ver 見る	**veo**	vi	vio	**veía**	viendo	**visto**	veré
volver 戻る	**vuelvo**	volví	volvió	volvía	volviendo	**vuelto**	volveré

スペイン語の基礎
新正書法改訂版

検印省略

© 2010年1月15日　初版発行
2021年1月30日　第8刷発行
2023年1月30日　改訂初版発行

著　者　木　村　琢　也

発行者　原　雅　久
発行所　株式会社　朝　日　出　版　社
101-0065　東京都千代田区西神田3-3-5
電話　03-3239-0271/72
振替口座　00140-2-46008
http://www.asahipress.com/
組版　クロス・コンサルティング/印刷　信毎書籍

乱丁、落丁本はお取り替えいたします。
ISBN978-4-255-55137-1 C1087